KB166885

CliffsNotes™

다락원
명작노트
026

진지함의 중요성

The Importance of Being Earnest

오스카 와일드

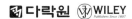
다락원 WILEY
Publishers Since 1807

세계의 교양을 읽는다

고전을 왜 읽는가?

인간의 삶과 세상에 대한 영원한 물음이 있기 때문이다. 시대와 사상을 뛰어넘어 지금 여기 우리에게 필요한 물음이 없는 고전은 더이상 고전이 아니다. 인간과 삶에 대한 근원적인 물음 없이 고전을 읽는다면 자신과 인간에 대한 성찰과 지혜로 이어지지 않는다. 논술 시험 때문에, 과제물 때문에, 아니면 남들이 읽으니까, 나도 읽는다는 식이라면 그 책은 죽은 책일 수밖에 없다.

고전을 살아 있는 책으로 만드는 이 '물음!'에 답하기 위해서는 좋은 길잡이가 필요하다. 40년 이상 미국의 고교생과 대학 주니어들이 시험, 에세이 작성, 심층토론 준비를 위해 바이블처럼 애용해온 'CliffsNotes' 와 'SPARKNOTES'는 바로 그런 좋은 길잡이의 표본이다. 이 두 시리즈가 원조 논술연구모임인 '일이관지(一以貫之)' 팀의 촌철살인적 해설을 곁들여 〈다락원 명작노트〉로 재탄생해 논술로 고민중인 대한민국 학생 여러분을 찾아간다.

CliffsNotes와 SPARKNOTES의 가장 큰 장점은 방대하고 난해한 고전을 Chapter별로 요약하고 분석해서 원전의 내용에 보다 쉽고 체계적으로 접근하는 신속·간편성이라고 할 수 있다. 여기에 '一以貫之'팀이 원전의 중요한 문제의식, 즉 근원적 '물음'은 무엇이며, 그 '물음'은 오늘날에도 여전히 유효한가, 라는 질문을 다시 던진다.

대입논술로 고민하고, 자칭 타칭의 고전이 넘쳐나는 오늘의 독서풍토에서 지적 정복이 긴박한 대한민국 학생들에게 감히 이 시리즈를 자신 있게 권한다.

— 以貫之 논술연구모임 연구실장 이호곤

차례

CliffsNotes와 SPARKNOTES는 방대한 원작을 보다 쉽게 이해할 수 있도록 돕는 안내서입니다. 원작 이해를 돕기 위해 작가와 작품에 대한 배경지식, 그리고 매 장마다 간단한 '줄거리'와 '풀어보기'가 실려 있습니다. '줄거리'를 통해서는 원작의 내용을 명쾌하게 파악함으로써 독서의 즐거움을 느낄 수 있을 것입니다. '풀어보기'에는 원작에 담긴 문학적 경향, 등장인물의 심리상태, 시대상, 주제 등을 설명해 놓았습니다. 비판적 글읽기의 바탕이 되는 요소들이죠. 비판적 글읽기는 소설과 비소설 작품을 막론하고 책을 읽을 때 꼭 필요한 자질입니다.

그 밖에도 작품을 좀더 심오하게 분석할 수 있도록 '마무리 노트', 'Review' 등을 마련해 놓아 독자 여러분의 글읽기를 돕고 있습니다.

CliffsNotes에는 특히 관심을 갖고 읽어야 할 필수요소를 강조하기 위해 다음 네 가지 아이콘을 사용하고 있습니다.

 작품 속에 내재된 주제를 드러내줍니다.

 등장인물의 속내를 알 수 있도록 도와줍니다.

 배경, 분위기, 열정, 폭력, 풍자, 상징, 비극, 암시, 불가사의 등의 요소를 밝혀줍니다.

 단어와 문구의 미묘한 느낌을 감상할 수 있도록 해줍니다.

* 〈　〉는 장편소설, 중편소설, 논픽션, 시집. "　"는 수필집, 단편소설

○ 일이관지(一以貫之) 논술노트
권말에는 一以貫之 논술팀에서 작성한 논술 노트가 실려 있습니다. 원작을 우리의 삶과 연계시켜 비판적 사고와 논리적 글쓰기의 방향을 제시합니다.

○ 실전 연습문제
논술예제와 기출문제를 통해서는 원작을 바탕으로 출제 가능성이 높은 논점을 함께 숙고해 봅니다.

작가 노트

작가의 생애

작가의 생애

● 유년기

　　결코 평범하다고 할 수 없는 삶을 살다 간 오스카 와일드 Oscar Wilde. 그의 가정환경 역시 남다른 데가 있었다. 1854년 10월 16일, 아일랜드의 더블린에서 태어난 오스카 와일드의 본명은 오스카 핑걸 오플래허티 윌스 와일드 Oscar Fingal O'Flahertie Wills Wilde이다. 이비인후과 의사인 아버지 윌리엄 와일드 경은 저명 인사였다.

　　오스카의 어머니 제인 프란체스카 엘지는 자신을 혁명가라고 생각하며, 이탈리아의 알리기에리스 가문의 후손이라는 사실에 굉장한 자부심을 가졌다. 그 유명한 단테*도 바로 이 집안 사람이다. 아일랜드 민족주의자였던 그녀는 스퍼랜저라는 필명으로 문예 창작 활동을 했고, 뜻을 같이하는 문인들을 모아 문예 사랑방 모임을 운영하기도 했다. 이 모임에 드나드는 문인들은 당시의 지적 사조나 예술의 흐름 등에 대해 즐겨 대화를 나누었다. 오스카의 형제들은 이들의 대화를 듣고 자라면서 문학과 예술, 문화 등에 관심을 갖게 되는 한편, 말을 재치 있고 익살맞게 하는 해학의 멋과 맛을 알게 되었다.

　　오스카에게는 윌리라는 형과 아이졸러라는 여동생이

---

*　**단테** (Alighieri Dante, 1265-1321)： 13세기 이탈리아의 시인. 대작 〈신곡〉을 남겼다.

있었고, 여동생은 열 살 되던 해에 세상을 떠났다. 와일드 형제의 어린 시절은 남달랐다. 와일드의 부모는 아이들을 가정교사나 하녀에게 맡겨두지 않고 집안에 드나드는 지식인, 예술가, 의사들과 어울리게 했다. 특히 오스카의 경우에는 이런 환경의 영향이 오랜 세월동안 강하게 남았다.

● 청년기

오스카는 일류 학교들을 거치며 수준 높은 교육을 받는 행운을 누렸다. 열한 살 되던 해에는 상류층 집안의 자녀들만 입학하는 포토라 왕립 학교에 입학한다. 이때부터 이미 우등생으로 장학금을 받으며 이름을 날리기 시작해, 그의 뛰어난 학업 성적과 실력은 대학 졸업 때까지 이어졌지만 인생에 큰 슬픔을 몰고 오는 단초가 되기도 한다. 와일드는 포토라에서 공부하는 동안 그리스에 관한 것이라면 무엇이든 호기심을 가지고 파고들었다. 그 결과 졸업할 무렵에는 그리스 로마의 고전에 관한 한 일류 학자 수준에 도달했고 본격적으로 더 깊이 있는 연구를 할 정도가 되었다.

트리니티 컬리지에 진학한 와일드는 그리스 로마의 고전은 물론 다른 학문 분야로까지 관심을 넓혀가며 공부한다. 또다시 우등을 하고, 장학금을 받고, 그리스어로 시를 써서 상을 받는다. 그리스어 실력으로 버클리 골드 메달를 받기도 한다. 1874년에는 옥스퍼드의 맥달란 컬리지에 장학생으로 입학한다. 그리스 로마 고전에 대한 와일드의 애착은 대학 시절 은 물론, 일생 동안 계속되면서 그의 문예 창작에 커다란 영향 을 미친다. 그는 옥스퍼드 대학교에서 삶에 결정적 영향을 주 는 세 명의 교수를 만난다. 러스킨, 페이터, 머허피가 그들이다.

와일드는 옥스퍼드에서 공부하던 4년간(1874-1878) 많은 외부적 자극과 부딪히면서 성격이 바뀌어 졸업할 무렵에 는 쾌락을 쫓는 사람이 되어 있었고, 특이한 옷들을 골라 입으 며 멋쟁이로 보이려고 했다.

〈근대화가론 *Modern Painters*〉과 〈베니스의 돌 *The Stones of Venice*〉의 저자인 존 러스킨 교수의 인간적 매력은 와일드에게 이전에는 몰랐던 세계에 대해 생각해 보도록 만들 었다. 러스킨은 예술은 도덕적 가치를 반영하므로 어떤 문명 을 평가할 때는 그 안의 예술로 평가해야 한다고 생각하고 있 었다. 그리고 학생들에게 근로자층의 마음을 이해해야 한다며, 육체노동을 해보아야 한다고 주장했다. 이런 주장은 귀족 출 신인 와일드의 생각을 크게 바꿔놓아 사회 문제에 관심을 갖 게 했으며, 그런 태도는 희곡들이나 산문 "사회주의 안의 인 간의 영혼 The Soul of Man Under Socialism"에 배어 있다. 그러나 와일드는 예술이 도덕을 위한 수단이어야 한다는 러스 킨의 견해에는 동조하지 않았다. 키츠*를 좋아했고, 진리와 아

---

* **키츠**(John Keats, 1795-1821): 영국의 낭만파 시인. 탐미주의적 예술지상주의를 추구하였다.

름다움에 대한 키츠의 생각이 옳다고 믿었던 와일드는 예술은
예술 자체로 즐기고 평가해야 한다고 생각했다.

월터 페이터 교수는 〈르네상스사 연구 *Studies in the
History of the Renaissance*〉와 〈쾌락주의자 마리우스 *Marius
the Epicurian*〉의 저자다. 그의 산문 양식은 젊은 오스카에게
많은 영향을 주어, 오스카는 그의 사고방식을 받아들였다. 예
술은 예술 자체로 의미가 있다고 주장한 그는 학생들에게 열
정적으로 살 것, 감각적 쾌락을 즐길 것, 틀에 박힌 사고에서
벗어나 살아볼 것 등을 권했다. 어떻게 보면 페이터는 와일드
라는 기름진 땅에 씨를 뿌렸다고 할 수 있다. 1870년대는 예
술에서 전위적인 사조가 만연해 소위 미학 운동이라는 사회적
흐름이 널리 퍼지던 시기였다. 권위적이고 도덕을 강조하는
빅토리아 시대의 가치관을 탐탁해 하지 않던 사람들이 이 흐
름에 열정적으로 가세했다. 이들은 당시의 미술이나 건축 양
식을 거부하고 새로운 미의 양식을 추구했으며, 와일드는 둘
째가라면 서러워 할 정도로 열심히 이 추세를 따랐다. 한 예
로 사치스럽고 화려한 옷을 즐겨 입었는데, 이 습관은 옥스퍼
드 대학교를 졸업하고 나서 1878년에 런던으로 갈 때까지 이
어진다. 와일드는 자신이 미학자이고 시인인 동시에 작가이며
전통적 가치관을 따르지 않는 사람이라고 여겼다. 그리고는
아예 유명해지든가, 아니면 아무도 자기에게 관심을 기울이지
않았으면 좋겠다는 생각을 했다.

와일드는 고대사를 가르치던 머허피 교수로부터는 이 탈리아와 그리스를 함께 여행하면서 큰 영향을 받았다.

와일드는 1878년에 옥스퍼드에서 학위를 마치며 발표한 시 "라벤나 Ravenna"로 선망의 대상인 뉴디게이트 상을 받는다. 이제 학업을 마치고 세상으로 나가는 와일드가 남다르게 지닌 두 가지 특징은 그리스 로마 고전에 대한 지식과 새로운 것에 대한 강한 호기심이었다. 와일드는 영국은 물론 외국을 여행하며 강연을 하는 동안 점점 이름이 나기 시작했지만 초기 작품들은 평론가들의 찬사를 받지 못했다.

1870년대의 런던은 와일드가 대중에게 알려질 수 있는 여건이 충분했으며, 사람들이 어디까지 저항 없이 받아들이는지 알아볼 기회를 제공했다. 그는 괴상한 옷을 입고 다니는 한편, 유명인들과 어울려 다니며 그들의 호감을 산 덕분에 덩달아 이름이 났다. 1880년에 첫 희곡 〈베라 Vera〉를 자비로 출판하고, 다음해에는 첫 시집도 냈다. 시집은 꽤 호평을 받았지만 희곡은 주목을 받지 못하고 잊혀졌다.

1881년 4월, 길버트와 설리번이라는 사람이 〈페이션스 Patience〉라는 희곡을 써서 무대에 올린다. 이 연극의 주인공 중 하나인 번손은 와일드를 상징하는 인물이었다. 그런데 공연 초기에 와일드가 그야말로 튀는 옷을 입고 관람하는 바람에 연극이 유명해지면서 관객몰이에 성공한다. 〈페이션스〉는 미국에서도 유명해져 1881년 12월 뉴욕에서 무대에 올려졌다.

제작자인 리처드 디올리 카트는 미국 관객들에게 이 연극을 홍보하기 위해 와일드를 초빙해 강연을 하게 한다.

몇 차례 강연을 하고 돌아갈 예정이었지만, 와일드의 미국 체류는 6개월에 걸친 전국 순회강연으로 이어진다. 그는 뉴욕, 시카고, 보스턴, 포트웨인(인디애나 주), 오마하(네브래스카 주), 필라델피아, 워싱턴, 그리고 콜로라도 주의 탄광 도시 리드빌에서도 강연을 펼친다. 광부들은 와일드가 독한 술에도 별로 취하지 않는 술꾼임을 알고는 함께 술을 마시면서 어울렸다. 미국인들은 와일드의 남다른 성격을 좋게 보는 것 같았고, 그때문인지 와일드 역시 미국의 여러 가지를 칭찬했다. 특히 모든 국민이 평등하게 교육 혜택을 누릴 수 있는 의무교육 제도에 대해 찬사를 아끼지 않았다. 미국에 머무는 동안 그는 "영국 예술의 부흥 The English Renaissance of Art", "아름다운 집 The House Beautiful", "미국의 장식미술 Decorative Art in America" 같은 여러 주제를 가지고 강연을 했다. 이미 유명 인사가 된 그는 헨리 워즈워스, 롱펠로, 올리버 웬들 홈스, 찰스 엘리엇 노튼, 월트 휘트먼과도 만났다.

와일드는 미국 순회강연으로 인기를 얻는 한편, 상당한 돈도 모았다. 그는 그 돈을 가지고 파리로 가서 석 달간 머물면서 희곡 〈파두아의 공작부인 The Duchess of Padua〉을 완성하지만 별다른 관심을 끌지는 못한다. 그 동안 그는 졸라, 위고, 베를렌, 지드, 투루즈 로트렉, 드가, 피사로 같은 유럽의 유

명 인사들과 친분을 맺는다. 어릴 때 어머니의 문예 사랑방에
서 익힌 교양이 빛을 발했다고 할 수 있다.

　　와일드는 자신의 희곡을 무대에 올릴 제작자를 찾아 런
던으로 돌아온다. 그는 머리를 짧게 자르고, 옷도 평범하게 입
는 등 애써 보지만 제작자를 찾지 못하고, 뉴욕에서 1,000달
러 정도로 연극을 제작했으나 흥행은 실패였다. 1주일도 못
가서 공연을 중단한 와일드는 영국과 아일랜드 순회강연을 기
획하고 길을 나선다. 이때 전부터 알고 지내던 콘스탄스 로이
드를 다시 만나게 되고, 후에 결혼한다. 이 결혼은 행운이라면
행운이고 불운이라면 불운이라고 할 수 있다.

● **결혼과 작가로서의 성공**

　　와일드는 알프레드 더글러스 경을 알게 되기 전까지 존
경받을 만한 가장으로 손색이 없었고, 7년간의 결혼 생활은
누가 뭐라고 해도 행복했다. 1885년 6월에 첫 아들 시릴을,
1886년 11월에는 둘째 아들 비비안을 얻었다. 와일드는 자녀
들에게 무척이나 사랑을 쏟았다. 가족을 부양하기 위해 신문
이나 잡지에 서평을 써주고, 이따금 강연도 했다. 1887년, 레
이디스 월드라는 잡지의 편집장이 된 와일드는 패션지였던 이
잡지를 미술, 음악, 문학, 현대식 삶 등에 대한 여성들의 견해
가 담긴 글을 싣는 우먼스 월드로 변모시킨다. 이 시기에 와일
드의 생활은 경제적으로 안정된다. 1888년에는 〈행복한 왕자

The Happy Prince and Other Tales〉라는 동화책을 내고, 1889
년에는 "허언의 쇠퇴 The Decay of Lying"라는 논문을 발표
한다. 1889년 7월에는 희곡 쓰는 일에 몰두하기 위해 잡지사
를 그만둔다.

● 은밀한 사생활

잡지사를 그만둔 와일드는 〈도리언 그레이의 초상 The
Picture of Dorian Gray〉를 펴낸다. 은밀한 사생활을 가진 한 남
자의 이야기를 다룬 이 소설은 상업적으로 성공을 거두고, 뒤
를 이어 〈의향 Intentions〉, 〈아서 새빌 경의 범죄 Lord Arthur
Savile's Crime and Other Stories〉, 〈석류의 집 A House of
Pomegranates〉을 출간한다. 1891-2년에는 〈살로메 Salome〉,
〈윈더미어 경 부인의 부채 Lady Windermere's Fan〉, 〈보잘것
없는 여인 A Woman of No Importance〉을 발표한다. 와일드의
연극은 관객의 폭소를 자아냈고, 기립 박수를 받았다.

가장으로서 존경받고, 귀족들조차 알아줄 만큼 유명해
지고, 돈도 벌었으니 부족할 게 없어 보이는 와일드. 그러나
어찌된 영문인지 와일드는 많은 작품을 써내느라 바빴던 이
시기에 동성애자들이 섞인 문인들 모임에 자주 모습을 드러냈
다. 소문에 따르면 그는 1886년에 캐나다 출신의 남성과 처음
으로 동성애 관계를 가졌다고 한다. 그 뒤 알프레드 테일러를
소개받았는데, 그는 자기 집에 남창들을 불러들이기까지 하는

인물이었다. 와일드는 그 남창들 가운데 하나와 여러 차례 관계를 갖는데, 그는 나중에 재판에서 와일드에게 불리한 증언을 한다.

1891년, 와일드는 인생을 송두리째 바꿔놓을 젊은 사내를 만난다. 당시 스물한 살이던 퀸스베리 후작의 아들 알프레드 더글러스 경(보시에)이다. 더글러스가 와일드에게 얼마나 중요한 존재였는지는 억측이 난무하지만 열네 살이나 연상이던 와일드가 완전히 넋을 빼앗겼다는 데 대해서는 대부분의 작가들이 공감한다. 둘은 늘 붙어 다녔고, 프랑스, 이탈리아, 알제리를 함께 여행했다. 와일드는 런던 교외 이곳저곳에 둘이 머물 집을 얻어놓기도 했고, 떨어져 있을 때는 편지를 썼으며, 남의 시선에는 신경쓰지 않았다.

1893-5년, 와일드의 연극들은 런던 극장가에서 폭발적인 인기를 끌었다. 와일드의 두 작품이 웨스트엔드에서 동시에 무대에 오르기도 했다. 1893년 1월부터 왕립 극장인 헤이마켓에서 〈보잘것없는 여인〉이 공연되었고, 11월부터는 〈윈더미어 경 부인의 부채〉도 무대에 올랐다. 1893년 8-9월, 와일드는 가족과 함께 해변 휴양지인 서섹스의 워딩에 머물면서 〈진지함의 중요성 The Importance of Being Earnest〉을 집필했다. 1895년에 이르자 런던 시민치고 와일드의 익살스런 사회 풍자극에 환호하지 않는 사람이 없을 정도가 되었다.

● 소송과 몰락

1895년은 그가 은밀했던 사생활을 점점 노골적으로 드러내 보이기 시작하면서 대중적 인기와 사생활 모두가 내리막길로 접어들기 시작한 해라고 할 수 있다. 2월 14일, 세인트 제임스 극장의 무대에 오른 〈진지함의 중요성〉은 86회 공연에 이를 때까지 박수를 받았다. 2월 28일 퀸스베리 후작은 와일드가 자주 드나드는 클럽에 갔다가 와일드를 만나지 못하고 돌아가면서 명함에 메모를 적어 맡겼다. 명함에는 '남색자 같은 오스카 와일드에게'라고 적혀 있었다. 아버지와 사이가 나빠 증오할 정도였던 더글러스는 와일드에게 아버지를 고소하도록 부추겼다. 승소를 자신한 와일드는 자기 변호사들에게 소송하겠다는 뜻을 밝혔다. 와일드가 분별없이 더글러스와 어울리는 것을 잘 아는 친구들은 소문이 가라앉을 때까지 아내와 외국에 다녀오라고 권했다. 그러나 와일드는 뜻을 굽히지 않았다. 퀸스베리 후작은 사설탐정을 고용해 알프레드 테일러의 존재는 물론 남창들에 대해 밝혀내고 마침내 와일드를 동성애 혐의로 법정에 서게 만든다.

이 소송은 재앙의 시작이었다. 퀸스베리 후작 쪽에서 남창들을 증인으로 출석시키겠다고 하자 와일드는 수치는 수치대로 당하고 고소를 취하한다. 그러나 오스카 와일드의 비극은 그것으로 끝나지 않았다. 영국 의회는 1885년에 형법 수정안을 통과시킨다. 이 안은 남자들 사이의 '부적절한 행위 전반'에 관한 처벌 근거가 되는 법으로서 심한 경우 교수형까지도 가능했다. 동성애자라는 사실 자체는 범법이 아니었지만 동성애 행위는 범죄가 되었다. 와일드의 고소 취하로 이 명예훼손 소송이 1차 심리로 끝난 다음, 퀸스베리 후작의 변호사들은 심리 결과의 사본을 검찰에 보낸다. 내무장관이었던 허버트 애스퀴스는 와일드를 구속 재판하기로 하지만 그가 프랑스로 피신할 시간을 주기 위해 구속영장 발부를 늦춘다. 그러나 와일드는 이런저런 이유로 도피하지 않고 있다가 결국 체포되어 재판을 받는다.

언론은 와일드를 악의적으로 깎아내리고 정신병자로 몰기도 했다. 법정은 와일드에게 유죄 판결을 내리고 2년 징역형에 처한다.

와일드의 희곡들을 보면 당시 부자와 근로 계층은 사회적으로 엄청나게 불평등한 관계였음을 알 수 있듯이, 와일드의 재판에서도 그러한 사실이 여실히 드러났다. 배심원들이 와일드의 동성애 상대였던 알프레드 더글러스 경은 왜 기소되지 않는지 여러 차례 묻지만 귀족의 아들인 그는 법정에 서지 않았다. 사건에 연루되었던 다른 상류층 사람들의 이름도 결코 법정에서 거론될 수 없었고, 증언에 꼭 필요할 경우에는 글로 써서 제출했다. 그러나 연루자가 근로 계층이면 그 이름을 공표하게끔 유도되었다.

재판 직후부터 와일드는 끝없는 수모를 겪었다. 친구들

로부터 버림받았고, 책은 독자들에게 외면당했으며, 연극 공연이 중단되었고, 소유하고 있던 물건들은 경매에서 헐값에 팔려 나갔다. 뉴게이트 감옥에서 수감생활을 시작한 그는 2년의 형기 동안 여러 차례 다른 감옥으로 이송 수감된다.

　　오스카 와일드의 성장 환경을 고려할 때 그가 그런 곤경과 고독을 견뎌낼 수 없었으리란 것은 쉽게 짐작할 수 있다. 많은 사람들과 어울려 지내던 그가 수감되어 있는 동안에는 하루 종일 불결하기 짝이 없는 골방에 갇혀 있다가 단 한 시간만 밖에 나와 혼자서 운동을 했다. 음식은 형편없었고, 성서와 기도서, 성가 책 이외에는 읽을거리도 넣어주지 않았다. 가족사진도 소지할 수 없었으며, 편지도 석 달에 한 번만 허용되었다. 1896년 2월에는 어머니가 위독하다는 소식을 듣고 특별휴가를 신청했으나 거부당했고, 며칠 후 아내로부터 임종 소식을 듣는다. 이것이 부부의 마지막 만남이었다.

　　이때쯤 와일드는 수감 전에 비해 몸무게가 15킬로나 줄어들 정도로 건강 상태가 나빠졌고, 정신적으로도 몹시 힘들어했다. 감옥들의 실태를 조사하던 의회 조사단이 와일드의 건강을 문제 삼자 주로 채무자들을 수감하는 레딩 감옥으로 이송되어 형기를 마칠 때까지 지냈다. 그곳에 있는 동안 와일드는 더글러스에게 편지를 써서 자신의 삶과 입장이 옳았다는 심경을 전한다. 이 편지가 나중에 출간되어 유명해진 "심연으로부터 De Profundis"이다. 와일드는 1897년 5월 19일 레딩 감옥에서 출감한다. 그 즈음 건강을 되찾은 그는 즉시 프랑스로 건너가 다시는 영국 땅을 밟지 않았다.

● 말년

와일드는 유럽의 몇몇 도시를 전전하며 여생을 보냈다. 프랑스의 디에프 근처 작은 마을에 정착한 그는 감옥의 상황을 개선해야 한다는 글들을 써서 신문에 싣는 한편, 유명한 시 "레딩 감옥의 노래 The Ballad of Reading Gaol"를 쓴다. 그의 아내는 두 아들을 데리고 이탈리아로 이주하고, 성을 홀랜드로 바꾼다. 와일드는 아내와 아이들을 만나고 싶어했지만 그가 여전히 더글러스를 못 잊는 것을 아는 아내는 그의 방문을 거절한다. 와일드와 더글러스는 다시 함께 지내게 되고 콘스탄스는 1898년 4월 세상을 떠난다. 그 후 와일드는 더 이상 글을 쓰지 않고, 술에 취해 세월을 보내며 친구들에게 돈을 구걸한다. 와일드와 더글러스는 나폴리, 스위스, 파리를 전전하는데, 그 사이 와일드의 건강이 악화된다. 감옥에 수감되어 있는 동안 예수 그리스도에게 푹 빠진 그는 자신의 확실한 믿음을 글로 쓰기도 했으며, 1900년 11월 30일 파리에서 숨을 거두기 전 46세의 나이에 가톨릭으로 개종했다.

사람들 대부분은 와일드가 매독 때문에 악화된 대뇌 뇌막염으로 죽었다고 믿고, 그것은 방탕한 생활에 따른 당연한 결과라고 생각했다. 그러나 2000년 11월 영국의 란셋 지는 와일드의 뇌막염은 만성중이염 때문에 악화된 것이란 기사를 게재했다. 와일드는 감옥에 수감되기 이전에도 그랬고 수감중에도 이따금 고질적인 귓병 때문에 치료를 받았다. 1900년 10월에는 수술도 받았다. 그러나 11월에 재발했고, 그로 인해 혼수상태에 빠졌던 그는 다시 의식을 회복하지 못했다.

〈진지함의 중요성〉은 1902년, 1909년, 1911년, 1913년에 웨스트엔드에서 다시 무대에 올려졌다. 원 제작자 조지 알렉산더는 유언을 통해 희곡의 저작권을 와일드의 아들 비비안에게 남겼다.

와일드가 죽고 나자 친구나 지인들은 오해가 두려워 그의 편지를 모두 없애버렸고, 감옥에서 아내에게 보낸 편지들마저 모두 사라지고 없다. 그리고 사후(死後)에 쓰여진 글들은 대부분 그의 동성애 추문과 은밀한 사생활에 관한 것들이었다. 1960년대부터 1970년대에 이르러서야 그의 작품들이 주목을 받게 된다. 오늘날 와일드는 뛰어난 감수성과 해학, 그리고 각색 능력으로 19세기 사회에 대한 비평적 시각을 제시하는 것은 물론, 20세기 희곡 문학에 커다란 영향을 미친 문인으로 인정받고 있다.

작품 노트

작품의 개요

　　〈진지함의 중요성〉은 1894년 2월에 런던의 웨스트엔드에서 처음으로 무대에 올려졌다. 당시는 빅토리아 시대(1837-1901)라고 불리던 때로, 종교적 · 사회적 · 정치적 · 경제적 구조가 변하는 시기였다. 영국은 와일드의 조국인 아일랜드를 비롯해 지구상에 거대한 식민지를 거느리고 있었다. 지배 계층으로서 거만하고 부자였던 귀족들은 중류층이나 빈민들과는 전혀 다른 세상에서 살고 있었다.

　　빅토리아 시대의 소설가, 수필가, 시인, 철학자, 희곡 작가들 가운데 상당수가 사회적인 문제들, 특히 산업혁명과 정치적 · 사회적 변혁의 영향을 주제로 글을 썼다. 디킨스는 주로 가난한 사람들을 주인공으로 등장시켜 소설을 썼으며, 다윈은 적자생존이라는 이론을 토대로 진화론을 발표했으며, 토머스 하디는 고통이라는 운명에 사로잡혀 신음하는 인간의 아픔에 대해 글을 썼다. 당대 작가들로는 새커리, 브론테 자매, 스윈번, 버틀러, 피네로, 키플링 등을 들 수 있다. 와일드의 희곡은 물론 이들 작가의 작품들은 당시 사람들에게 근로 계층의 희생으로 부유층이 그 과실을 향유하는 사회 구조의 인위적 장벽과 장애에 대해 진지하게 생각해 보도록 만들었다.

　　같은 시기에 미국 작가 이디스 워튼 역시 부자들의 생활 방식에 관한 소설을 썼다. 그녀는 〈그 겨울의 끝 *Ethan*

Frome〉, 〈순수의 시대 The Age of Innocence〉, 〈환희의 집 The House of Mirth〉 같은 작품을 통해 근로 계층의 희생으로 부유층이 부를 소유하고 특혜를 누린다는 생각을 전하고 있다.

〈진지함의 중요성〉의 주제는 빅토리아 시대의 사회적 문제들이지만 극의 형식은 프랑스의 희곡, 멜로드라마, 사회극, 소극(笑劇)의 형식을 많이 따르고 있다. 와일드는 프랑스의 이런 다양한 극 형태에 대해 잘 알고 있었으므로 필요할 때마다 그 특성들을 자유롭게 끌어다 썼다. 많은 이들이 W. 레스토크와 E. M. 로브슨이 쓴 연극 〈주운 아이 The Foundling〉가 와일드에게 〈진지함의 중요성〉을 쓰도록 영향을 미쳤을 것이라고 주장하는데, 설득력이 있는 것 같다. 실제로 런던에서 〈주운 아이〉가 공연될 때 와일드는 〈진지함의 중요성〉을 집필하고 있었다. 〈주운 아이〉에는 〈진지함의 중요성〉의 잭 워딩처럼 고아 주인공이 등장한다. 주로 3막으로 구성된 소극(笑劇)은 과장된 몸짓, 익살, 엉뚱함, 억지스러움 같은 요소들이 어우러진 희극으로, 전혀 예상하지 않았던 내용이 밝혀지면서 반전이 이루어지기도 한다. 〈진지함의 중요성〉의 마지막 장에서 잭이 프리즘을 자신의 생모로 오해하는 대목은 소극(笑劇)에서 흔히 볼 수 있는 장면이다. 그리고 주인공들의 신원이 바뀌거나 연인들이 서로를 오해하는 장면, 상복을 입거나 기분이 안 좋을 때 음식을 먹는 장면 등도 초기 소극(笑劇)에서 자주 나타났다.

노르웨이의 극작가 헨리크 입센 역시 와일드의 작품에 큰 영향을 미쳤다. 1889년, 런던에서 공연된 〈인형의 집 *A Doll's House*〉의 참신함, 즉 사실주의적 산문극에 대해 와일드는 익히 알고 있었다. 그는 입센의 또 다른 작품 〈헤다 가블레르 *Hedda Gabler*〉와 〈유령 *Ghosts*〉의 공연도 관람했으며, 감옥에 수감되어 있을 때는 입센의 희곡 작품을 구해 달라고 청하기도 했다.

　　〈진지함의 중요성〉을 처음으로 무대에 올렸던 세인트 제임스 극장의 극장장 조지 알렉산더는 와일드가 원래 4막으로 썼던 이 작품을 소극처럼 3막으로 줄여달라고 요청했다. 이에 와일드는 그리브즈비 이야기를 들어내고 두 막을 하나로 묶어 3막으로 만듦으로써 흥행성과 문학성을 모두 높이는 결과를 얻었다.

　　1890년대 문학 작품에서 결혼이라는 줄거리와 사회에 대한 풍자는 흔하다. 제인 오스틴과 조지 엘리엇 같은 소설가는 결혼을 갈등의 토대로 삼아 이야기를 전개해 나가는 대표적인 작가들이다. 희극적인 희곡들 가운데 대부분은 당시 사회 문제들을 주제로 이야기를 펼친다. 백인 남성 사회의 자만의식과 귀족적 태도는 와일드 같은 작가들에게 많은 풍자거리를 제공했다.

　　〈진지함의 중요성〉은 와일드가 어머니를 비롯해 가족을 부양해야 하는 부담감에 눌리고, 알프레드 더글러스 경과

동성애 관계를 유지하던 시기에 완성되었다. 이 작품은 1895
년 2월 14일, 세인트 제임스 극장에서 초연된다. 그날 저녁,
와일드의 유미주의에 경의를 표하기 위해 여자들은 옷에 백합
꽃 장식을 달았으며 젊은 남자들 또한 계곡에서 꺾어온 백합
꽃을 옷깃에 꽂았다. 아일랜드 사람인 탓에 귀족적 의상 세계
와는 거리가 멀었던 와일드도 번쩍이는 옷에 눈길을 끄는 장
식을 하고 극장에 나타났다. 통상 런던의 상류층 사람들에게
무시당할 아일랜드 사람이 해학과 출중함으로 그들의 환영을
받는 순간이었다. 비록 그 해학이 자신들을 풍자하는 내용이
었지만 그들은 와일드의 그런 대범함을 반겼던 것이다.

　　와일드의 연극을 지켜보는 귀족들은 주인공인 잭과 앨
저넌의 사생활에 공감하고, 웨스트엔드의 분위기와 상황을 잘
아는 사람들이었다. 웨스트엔드에는 클럽, 호텔, 카페, 레스토
랑, 카지노 등이 즐비했고, 런던에 있는 50여 개 극장들 가운
데 대부분이 들어서 있었다. 또한 사창가가 늘어선 홍등가여
서 어떤 종류의 쾌락도 즐길 수 있는 곳이었다. 기혼남들은 향
락을 즐기기 위해 그들만의 어니스트와 번버리를 두고 이곳을
드나드는 구실로 삼을 필요가 있는 사람들이었다.

줄거리

1막은 런던의 번화가 웨스트엔드에 사는 부자 앨저넌 멍크리프(일명 앨지)의 집이 무대다. 앨저넌의 이모 모녀(브 랙넬 여사와 그웬돌렌 페어팩스)가 앨저넌의 집에 오기로 되어 있다. 그 두 사람이 도착하기 전에 먼저 앨저넌의 친구 잭 워딩이 찾아온다. 앨저넌은 전에 잭이 자신을 '어니스트'라고 소개한 적이 있는 것을 이상하게 여긴다. 잭이 그웬돌렌에게 청혼할 생각이라는 말을 하자, 앨저넌은 "마음속 깊이 사랑 하는 꼬맹이 시실리가 소중한 아저씨 잭에게"라는 글이 새겨 진 잭의 담배갑에 얽힌 사연을 털어놓으라고 말한다. 잭은 대 지주인 자기가 시골에서는 잭 워딩이란 진짜 이름으로 알려 져 있지만 재미를 보기 위해 런던으로 놀러올 때는 '어니스트' 란 이름을 쓰며, 시실리는 자기가 후견인이 되어 돌보는 아가 씨라고 설명한다. 준비해 두었던 오이 샌드위치를 게걸스럽게 전부 먹어치운 앨저넌은 자기도 필요할 때면 그렇게 한다고 말한다. 런던에서 도망쳐야 할 때 번버리라는 친구의 병문안 을 간다고 둘러댄다는 것이다.

드디어 브랙넬 여사와 그웬돌렌이 도착한다. 앨저넌은 이모에게 번버리라는 친구의 병문안 때문에 이모가 열기로 되 어 있는 파티에 참석할 수 없게 되었다면서, 그래도 파티에 쓸 음악은 자신이 골라 놓겠다는 말을 한다. 앨저넌이 이모를 슬며시 다른 방으로 모시고 간 틈을 타 잭은 그웬돌렌에게 청혼한다. 그러자 그웬돌렌은 자기는 어니스트란 이름이 너무나 귀족적으로 들리기 때문에 그 이름을 가진 사람과 결혼하고 싶다고 말하면서도 잭의 청혼을 받아들인다. 잭은 속으로 어니스트라는 이름으로 다시 세례를 받아야겠다는 생각을 한다. 그때, 자리를 비웠던 브랙넬 여사가 돌아와 두 사람 사이의 혼담에 이의를 제기한다. 잭에게 요모조모 따져 물어 잭의 사회적 지위가 약하다는 사실을 알게 된 것이다. 노부인은 인정해 줄 만한 부모를 어떻게든 만들어보라는 말을 남기고 자리를 뜬다. 어머니에게 끌려 나갔던 그웬돌렌은 급히 돌아와 잭에게 시골집 주소를 묻는다. 잭이 주소를 일러주는 것을 엿들은 앨저넌은 얼른 그 주소를 와이셔츠 소매에다 받아적는다. 시실리에게 호기심을 품게 된 앨저넌은 번버리의 문병을 구실삼아 잭의 시골집을 찾아가기로 한다.

2막은 넓은 영지가 딸린 잭 워딩의 시골집이 무대다. 정원에서 가정교사 프리즘 양이 시실리를 가르치고 있다. 프리즘 양은 잭이 나약한 성격에 못되기까지 한 그의 동생 어니스트와는 달리 지각 있고 책임감 넘치는 사람이라며 입에 침이 마르도록 칭찬한다. 그녀는 자신이 젊은 시절 썼던 소설에서도 착한 사람은 복된 말년을 맞이하지만 악한 사람은 비참했다는 이야기를 한다. 이때 마을 성공회 성당의 채셔블 신부가 찾아온다. 오붓한 시간을 보낼 수 있는 기회를 잡은 신부는 프리즘 양과 함께 정원을 산책한다. 두 사람이 사라지고 시실리가 혼자 남아 있을 때 앨저넌이 나타난다. 앨저넌은 자신이 잭의 타락한 동생 어니스트 행세를 한다. 시실리의 미모에 홀딱 반한 그는 주말 동안 이 집에 머물면서 시실리에 대해 좀더 많은 것을 알아내고 월요일에 잭이 도착하기 전에 사라져야겠다는 생각을 한다. 그러나 그의 기대와는 달리 갑자기 잭이 돌아온다. 잭은 동생 어니스트가 파리에서 갑자기 죽었다는 소식을 주위 사람들에게 전하기 위해 상복을 입고 온다. 그러나 자기가 없는 사이, 앨저넌이 찾아와 어니스트인 척했다는 사실을 알고는 어처구니가 없다. 잭은 앨저넌을 런던으로 돌려보내기 위해 하인에게 마차를 부르라고 하지만 때는 늦었다. 시실리를 사모하게 된 앨저넌은 잭의 집에 더 머무를 계획을 세운다. 잭이 자리를 비운 틈에 앨저넌이 시실리에게 청혼하자 시실리는 자기 일기와 어니스트에게 받은 것으로 상상하면서 손수 쓴 편지들을 내보이며 두 사람은 이미 약혼한 상태라고 말한다. 시실리가 아주 오래 전부터 이름이 어니스트인 사람과 결혼하고 싶었다는 말을 하자 앨저넌은 어니스트란 이름으로 세례를 다시 받아야겠다고 생각한다. 잭이 그웬돌렌 때문에 어니스트라는 이름으로 다시 세례를 받아야겠다고 생각했던 것과 똑같은 상황이 벌어진 것이다.

잭과 앨저넌이 어니스트란 이름으로 세례만 다시 받으면 만사가 순조롭게 풀릴 것으로 생각하고 있을 때 느닷없이 그웬돌렌이 들이닥친다. 잭을 만나기 위해 찾아온 그웬돌렌은 잭이 후견인 자격으로 돌보고 있는 시실리라는 예쁜 아가씨가 있다는 사실을 알게 된다. 그웬돌렌과 시실리는 대화 도중 자기들이 어니스트 워딩이라는 사람과 약혼한 상태라는 것을 알게 된다. 두 여자는 차를 마시는 동안 암투를 벌인다. 둘 사이의 분위기가 냉랭해진 가운데 잭과 앨저넌이 들어오고, 이어 어니스트라는 인물에 얽힌 진실을 밝힌다. 여자들이 실망한다. 그러나 두 사람 모두 어니스트란 이름으로 다시 세례를 받을 계획이라고 말하자 여자들은 파혼할 생각이 없다고 말한다.

한편, 브랙널 여사도 딸의 뒤를 쫓아 잭의 집에 찾아온다. 잭과 그웬돌렌, 앨저넌과 시실리가 약혼한 사이임을 알게 된 브랙널 여사는 그들에게 장래 계획을 묻는다. 시실리 몫의 재산이 상당하다는 것을 알게 된 브랙널 여사는 앨저넌과 시실리의 약혼을 허락한다. 그러나 잭이 아직 그럴듯한 부모를 얻지 못했다는 사실을 알고는 잭과 그웬돌렌의 약혼은 허락하지 않는다. 잭은 자신이 그웬돌렌과 결혼할 수 없다면, 시실리가 후견인인 자신의 동의 없이 결혼할 수 있는 나이인 서른다섯이 될 때까지 그녀의 결혼을 허락하지 않겠다고 말한다. 이때 채셔블 신부가 도착해 세례식 준비가 되었다고 말하고, 잭은 이제 세례를 받을 필요가 없게 되었다고 설명한다. 잭이 순전히 세속적인 이유로 세례를 받으려고 했다는 사실을 알게 된 채셔블 신부는 프리즘 양이나 만나겠다며 성당으로 돌아가려고 한다. '프리즘'이란 이름을 듣고 깜짝 놀란 브랙넬 여사는 그녀를 즉시 불러오게 하고, 프리즘 양이 28년 전 브랙넬 여사의 조카를 유모차에 태우고 나갔다가 돌아오지 않은 조카의 가정교사였다는 사실을 밝힌다. 브랙넬 여사가 그녀에게 아기의 행방을 다그쳐 묻는다. 프리즘 양은 이전에 써놓았던 세 권짜리 소설 원고를 가지고 빅토리아 역에 갔다가 잠시 정신이 나가 아기를 원고 대신 가방에 담아두고, 원고를 유모차에 싣고 나왔다고 말한다. 이 말을 들은 잭은 몇 가지를 더 캐묻고는 얼른 자기 방으로 달려가 가방을 하나 가지고 돌아온다. 그 가방을 본 프리즘 양이 자기가 아기를 담아두었던 가방이라고 말한다. 브랙넬 여사는 잭이 몇 년 전 인도에서 세상을 떠난 어니스트 존 멍크리프의 아들이며, 앨저넌의 형이란 사실을 밝힌다. 결국 잭의 실제 이름이 어니스트임이 드러났고, 앨저넌과 시실리, 잭과 그웬돌렌, 채셔블과 프리즘 세 쌍이 포옹을 한 가운데 잭은 진지함의 중요성을 되새긴다.

등장인물

존(잭) 워딩 *John(Jack) Worthing* 신랑감으로서 좋은 조건을 갖춘 총각. 도시에 가서는 어니스트라는 이름을 쓰고, 지주로 지내는 시골에서는 잭이라는 이름을 쓴다. 부모가 누구인지는 모르지만 진지하고 성실한 성품을 지니고 있다. 이중생활을 하지만 그웬돌렌 페어팩스에게 청혼하며, 빅토리아 시대의 도덕관념과 사회적 가치관에 순응한다.

앨저넌 멍크리프 *Algernon Moncrieff* 무엇이든 하찮게 보며 점잔을 빼는 유한계층의 인물. 인습적인 것을 따분해 하며 애써 짜릿한 쾌감을 찾는다. 도시에서는 앨저넌으로, 시골에서는 어니스트로 행세하는 이중생활을 한다. 잭과 달리 진지한 면이 없으며 주로 즐거움을 찾아다닌다. 잭의 동생 어니스트 인 척해서 잭이 돌보는 시실리를 사랑하게 되고 청혼한다.

브랙넬 여사 *Lady Bracknell* 빅토리아 시대의 진지함을 완벽하게 상징하는 인물. 실질보다는 형식을 중시하며 사회의 계급 구조는 확실해야 한다고 믿는다. 앨저넌의 이모로, 앨저넌에게 마땅한 신부감을 찾아주려고 한다. 고집 세고, 무엇이든 마음대로 하며, 남편을 젖혀두고 집안의 주인 노릇을 한다. 교양 같은 것보다는 돈이 더 중요하다고 믿고, 자기에게 방해가 되면 누구든 가릴 것 없이 괴롭히고 애를 먹인다. 자기 자신이 하층민으로, 상류층과 결혼했으면서도 그렇게 모순된 생각을 가지고 행동하며, 딸인 그웬돌렌도 몹시 성가시게 괴롭힌다.

그웬돌렌 페어팩스 *The Honorable Gwendolen Fairfax* 브랙넬 여사의 딸.

런던 사교계에 걸맞은 세련미와 자신감을 갖추고 있다. 성실함보다는 형식이 중요하다고 믿는다. 남들이 보는 앞에서는 어머니에게 순종하지만 둘이서만 있을 때는 맞선다. 이름이 어니스트인 남자라야 결혼 상대가 될 수 있다는 황당무계한 생각을 하면서도 잭의 출신을 문제 삼아 결혼을 반대하는 어머니와 달리 그의 청혼을 받아들인다.

시실리 카듀 *Cecily Cardew* 잭을 데려다 기른 토머스 카듀 경의 손녀. 잭이 후견인 자격으로 돌보고 있다. 사교계에 나갈 수 있는 18세의 처녀지만 한적한 잭의 시골 저택에서 가정교사인 프리즘 양으로부터 교육을 받고 있다. 낭만적이고 공상을 좋아하는데, 프리즘 양이 자신을 구속한다고 생각한다. 순진하지만 어리석은 면도 있어서 '나쁜 남자'가 좋다고 한다. 그웬돌렌에 비해 덜 세련된 시실리는 앨저넌을 사랑하게 되고, 앨저넌이 어니스트라는 세례명을 갖게 되면 좀더 신중해질 것이라고 생각한다.

프리즘 양 *Miss Prism* 시실리의 가정교사. 빅토리아 시대의 도덕관을 상징하는 인물이다. 시실리에게 쓸데없는 공상을 하지 말고, 관능적 쾌락을 추구해서는 안 된다고 가르친다. 자신의 도덕성을 강조하기 위해 성서 구절을 즐겨 인용하지만, 연애 소설을 썼던 경력이나 채셔블 신부와 노닥거리는 것을 좋아하는 등 실제로는 감각적이고 감정적인 본성을 드러낸다. 프리즘 양을 통해 잭의 진짜 부모가 밝혀진다.

채셔블 신부, 신학박사 *Rev. Canon Chasuble, D.D.* 빅토리아 시대의 도덕관을 상징하는 전형적인 인물. 내면에는 여자를 밝히는 나이든 사내의 모습을 지니고 있다. 같은 주제의 설교를 전례에 맞춰 다르게 할 정도로 타성에 젖어 있다. 지주인 잭이 원하는 바를 종처럼 수행한다. 즉,

혼배 예식, 세례식, 설교, 별세 미사 등을 잭이 요구하는 대로 하려고 한다. 성공회 신부라는 성직자의 신분에도 불구하고 프리즘 양만 보면 가슴이 뛴다.

레인과 메리먼 *Lane and Merriman* 앨저넌과 잭의 하인들. 레인은 앨저넌의 기분이 좋아질 만한 말을 주로 골라 하며, 하인의 분수를 지키려고 한다. 앨저넌이 집을 비우면 몰래 샌드위치와 샴페인을 탐식하는 이중적인 태도를 지니고 있다. 앨저넌의 거짓말에 손발을 맞춰주며 부추기기까지 한다. 잭의 하인 메리먼은 극의 전개를 돕는다. 극중에서 등장인물을 소개하고, 일어난 일들에 대해 알린다. 레인과 마찬가지로 상전에 대해 이렇다 저렇다 말을 하지 않지만 그들의 어리석음을 묵묵히 지켜본다. 극중의 위기나 혼란 속에서도 아무렇지 않은 얼굴을 보이는 메리먼의 표정 연기는 빅토리아 시대의 공연 때 귀족들의 웃음을 자아내기에 충분했다.

등장인물 관계도

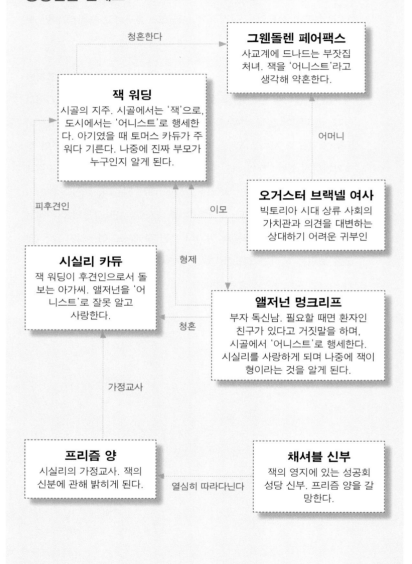

청혼한다

그웬돌렌 페어팩스
사교계에 드나드는 부잣집 처녀. 잭을 '어니스트'라고 생각해 약혼한다.

잭 워딩
시골의 지주. 시골에서는 '잭'으로, 도시에서는 '어니스트'로 행세한다. 아기였을 때 토머스 카듀가 주워다 기른다. 나중에 진짜 부모가 누구인지 알게 된다.

어머니

피후견인

오거스터 브랙넬 여사
빅토리아 시대 상류 사회의 가치관과 의견을 대변하는 상대하기 어려운 귀부인

이모

형제

시실리 카듀
잭 워딩이 후견인으로서 돌보는 아가씨. 앨저넌을 '어니스트'로 잘못 알고 사랑한다.

청혼

앨저넌 멍크리프
부자 독신남. 필요할 때면 환자인 친구가 있다고 거짓말을 하며, 시골에서 '어니스트'로 행세한다. 시실리를 사랑하게 되며 나중에 잭이 형이라는 것을 알게 된다.

가정교사

프리즘 양
시실리의 가정교사. 잭의 신분에 관해 밝히게 된다.

열심히 따라다닌다

채셔블 신부
잭의 영지에 있는 성공회 성당 신부. 프리즘 양을 갈망한다.

Act별
정리 노트

:줄거리 어니스트가 필요한 까닭

무대는 런던의 번화가 웨스트엔드에 사는 부자 앨저넌 멍크리프의 저택. 앨저넌이 피아노를 치는 동안, 하인 레인은 방문하기로 되어 있는 앨저넌의 이모와 딸 그웬돌렌을 위해 오이 샌드위치를 준비하고 있다. 이때 잭 워딩이 한 발 앞서 찾아온다. 잭은 그웬돌렌에게 청혼할 생각이라고 말한다. 그러자 앨저넌은 잭이 왜 어니스트란 이름으로 알려져 있는지, 그리고 예사롭지 않은 글귀가 적힌 잭의 담배갑은 어떤 여자에게서 무슨 사연으로 받은 것인지 설명하기 전에는 사촌인 그웬돌렌과 결혼하는 데 찬성할 수 없다는 말을 한다.

잭은 런던에 드나들 구실로 어니스트란 인물이 있는 것처럼 행세한다고 답한다. 시골에서는 자신을 어니스트란 말썽꾼 동생을 둔 잭 워딩으로 알고 있다고 설명하고, 담배갑에 대해서는 일단 거짓말을 한다. 시실리 이모가 주었다고 둘러대는 것이다. 앨저넌이 속지 않고 사실을 대라고 다그치자 잭은 자신이 어렸을 때 토머스 카듀 경에게 입양되어 자랐고, 지금은 카듀 경의 손녀 시실리를 후견인 자격으로 돌보고 있다고 털어놓는다. 시실리는 자신의 시골집에서 함께 살고 있으며 프리즘 양이란 가정교사에게 교육을 받고 있다는 사실도 덧붙인다.

앨저넌은 자기도 시골로 자유롭게 나들이를 하기 위해 번버리란 환자 친구가 있는 것처럼 행세한다는 말을 한다. 잭과 앨저넌은 분위기가

호사스러운 윌리스 레스토랑에서 함께 저녁식사를 하며 결혼 문제와 남들 몰래 먼 곳을 다니는 일에 대해 이야기를 나누기로 한다. 잭은 앨저넌에게 그웬돌렌과 단둘이서만 있을 수 있도록 기회를 만들어달라고 부탁한다. 어떻게 해서든 브랙넬 여사가 잠시 자리를 비우도록 해주면 그웬돌렌에게 청혼하겠다는 것이다.

:풀어보기

문학적 장치 와일드는 첫 장면에서 우스꽝스런 분위기를 드러낸다. 작가의 복합적인 의도들이 어우러지면서 관객을 웃기는 한편, 빅토리아 시대 사람들이 가치 있게 여기는 모든 것을 가벼운 말장난으로 조롱한다. 와일드의 유머는 여러 가지 의도를 지니고 있다. 중상류층 사람들의 가치관을 비판하는 것은 물론, 중상류층에게 친숙한 명소들을 들먹임으로써 관객들이 자신의 이야기로 받아들이게 하며, 짧고 재치 있는 말이나 동음이의어를 이용해 웃음을 자아냄으로써 사회 비판의 효과를 높이고 있다.

우선 등장인물들과 그들이 처한 상황을 알리기 위해 잭과 앨저넌 모두 겉 다르고 속 다른 생활을 하고 있다는 사실을 전한다. 이것은 유부남으로서 은밀하게 동성애 관계를 이어가는 와일드 자신의 삶을 의도적으로 반영한 것처럼 보인다. 중상류층 관객들은 잭과 앨저넌이 주인공임을 이내 알게 된다.

문학적 장치 ▶ 도시 출신의 유한계층 사람들이 그렇듯이 앨저넌은 외모와 옷에 신경을 많이 쓰는 멋쟁이 젊은이다. 번화가에 있는 앨저넌의 호화저택이 무대인 것을 보면서 관객들은 이 연극이 상류층을 다룬 희극임을 쉽게 짐작할 수 있다. 이처럼 관객들에게 앨저넌의 존재를 알린 와일드는 곧바로 그를 오이 샌드위치를 꾸역꾸역 먹으며 자기만족을 찾는 우스운 인물로 만든다. 자기만족은 의무와 덕성을 강요하던 빅토리아 시대의 가치관을 겨냥해 날린 총탄이라고 보면 된다. 앨저넌과 잭이 음식을 먹으면서 그웬돌렌과의 결혼을 화제로 삼는 장면이 있는데, 이때 음식은 당시 점잖은 자리에서는 화제가 될 수 없었던 욕정을 상징한다. 앨저넌이 늘어놓는 말은 대부분 현실성이 없는 시시한 이야기들인데, 이것이 바로 와일드가 이 극 내내 끌고 가는 주제다. 빅토리아 시대 사람들은 인생에서 진실로 중요한 것과 대수롭지 않은 것을 구분할 줄 모른다고 와일드는 이야기하고 있는 것이다.

인물탐색 잭은 앨저넌에 비해 진지한 성품이다. 시골 지주로서의 입장과 남다른 출신 배경 때문인 것 같다. 당시의 시대적 상황과 사회적 지위로 인해 어쩔 수 없이 그렇게 되었겠지만 잭은 규율, 온당한 예의, 고상한 언행 등의 가치와 중요함을 잘 알고 있으며, 상류층 신사로 인정받는다. 찰스 디킨스*의 소설을 비롯해 이 시기에 쓰인 소설들 가운데는 고아 주인공의 실제 신분이 밝혀지면서 원하던 사람과 맺어지는 멜로드라마식 작품들이 많다. 와일드 역시 당시의 흔한 구성을 희극적으로 가져다 쓰고 있다. 가방에 담겨 기차역에 놓여 있던 잭을 카듀 경이 주워다 길렀다는 얼토당토않은 이야기를 하는 것이 와일드의 장기다.

잭은 어니스트라는 이름으로, 앨저넌은 번버리라는 있지도 않은 환자 친구를 팔아 이중생활을 한다. 앨저넌의 하인인 레인조차 이중적으로 주인이 집에 없을 때면 몰래 샌드위치와 샴페인을 즐기는 것 같다. 모두가 점잖기만 해서 따분한 사회에서는 전체적으로 생동감을 줄 수 있는 인물이 하나 필

---

* **찰스 디킨스**(Charles Dickens, 1812-70): 영국의 소설가. 대표작 〈올리버 트위스트〉, 〈데이비드 코퍼필드〉, 〈막대한 유산〉, 〈크리스마스 캐럴〉 등.

요하다고 와일드는 말하는 듯하다. 19세기의 소극(笑劇)에는 이런 요소들이 흔하다.

주제 탐색 ▶ 와일드는 계산된 의도를 가지고 어니스트란 이름을 들먹인다. 어니스트와 발음이 같은 형용사 어니스트(earnest)의 명사형 earnestness는 결국 빅토리아 시대의 이상적 가치관 가운데 하나인 덕 또는 의무에 대한 헌신을 뜻한다. 당시에는 가족이나 가문의 명성을 위해 할일을 다하는 것 역시 진지함이나 성실함으로 여겨졌다. 극중에서 다른 사람들을 속이기 위한 수단으로 어니스트라는 이름을 쓰는 것은 earnestness에 함축된 의미를 손상시키고 있다. 일부에서는 어니스트가 이중적인 생활을 뜻하기 위해 쓰였다고 주장하는가 하면, 동성애를 뜻한다고 하는 평론가들도 있다. 와일드는 희곡의 제목에까지 이 단어를 씀으로써 사회 비판과 더불어 자신의 사생활을 넌지시 알리고, 더 나아가 극의 줄거리를 전개시키고 있다. 앨저넌은 잭의 이름이 어니스트인 점을 언급하면서 "내가 지금까지 만나본 사람 가운데 자네만큼 성실해 보이는 사람이 없다네"라는 대사를 읊는 장면이 있는데, 와일드는 earnest와 Ernest를 써서 멋들어진 말장난을 하고 있는 것이다.

주제 탐색 ▶ 빅토리아 시대 사람들의 결혼관은 1막 내내 집중 포화를 얻어맞는다. 와일드는 당시의 결혼은 위선으로 가득 차 있고 신분 상승의 수단으로 이용될 때가 적지 않다고 보았다. 게다가 결혼은 배우자의 이성적 매력에 무뎌지게 하는 한편, 서로를 속이게 만드는 제도라고 생각했다. 레인이 기혼자 가정에서는 좋은 와인을 마시지 않는다고 하자, 앨저넌은 기혼자들에 대해 어떻게 그렇게 잘 아느냐고 묻는다. 레인은 세상을 전부 안다는 듯이 오만하게 한때 자신이 '오해'를 해서 결혼한 적이 있다고 말한다. 결혼에 대한 공박은 여기에서 그치지 않는다. 잭이 청혼을 하기 위해 런던에 온다고 하자 앨저넌은 잭이 '쾌락을 찾아서 오는 줄 알았다'며, "나는 그걸 일이라고 부른다네"라는 말까지 덧붙인다. 나아가서 그는 연애는 낭만적이지만 청혼은 그렇지 않다고 한다. "청혼을 하면 아무래도 받아들여질 가능성이 있기 때문에 낭만적이지 못하다"는 것이다. 그리고 결혼을 하면 즐기며 노는 짜릿함과는 작별해야 한다며, "아가씨들은 시시덕거리며 놀던 상대와는 절대 결혼을 하지 않는다네. 그건 옳은 일이 아니라고 생각하는 거지"라고 말한다. 결혼이나 청혼에 대한 이런 식의 대사는 인간 생활의 진지한 문제를 하찮은 것으로 만들고, 사회적인 통념을 뒤집는 것이다. 와일드는 "두 사람이 있으면 친구가 되고, 세 사람 이상이 모이면 아무 관계도 아니다"는 격언을 비틀어서 보수적 사고방식을 지닌 관객들을 장난치듯 비난한다. 앨저넌은 이렇게 말한다. "결혼 생활에서는 세 사람이 있으면 친구가 되고 두 사람이면 아무 관계도 아니야." 지금까지 보았듯이 와일드는 결혼에 대해 여러모로 풍자하지만 결국 결혼

은 재산과 신분이라는 요소를 포함한 거래행위라고 말하고 있
다. 그리고 이 거래에서 가문의 명성과 혈통이 무엇보다도 중
요한 요건이라는 말도 덧붙인다.

와일드는 관능과 욕정을 음식과 먹는 것으로 상징하고 있다. 빅토리아 시대 사람들은 격식을 차려야 하는 자리에서는 결코 관능적인 것 또는 정욕을 화제로 삼지 않았다. 남성들은 결혼, 의무, 덕성 등은 마땅히 존중해야 한다는 입에 발린 소리를 하면서도 위선적인 사회 분위기 탓에 종종 아내가 아닌 여자들과의 관계를 즐겼다. 와일드는 잭과 앨저넌이 게걸스럽게 먹어대며 음식에 대해 이야기하는 우스운 장면을

통해 그들의 억눌린 성욕을 드러내 보이고, 성과 정력을 '건강'
이라는 말로 포장하고 있다. 앨저넌이 그웬돌렌은 '빵에다 버
터 발라 먹는 것을 아주 좋아한다'고 말하자, 잭은 즉시 버터
바른 빵을 집어 들고 게걸스럽게 먹는다.

　　신분상의 대립도 1막의 주제다. 레인 같은 하인들은 상
류층 사람을 섬기지만 나름대로의 도덕을 지킨다. 시중을 들
며 머릿속 생각을 드러내지 않아야 한다는 직분을 잘 알고 있
다는 것을 표정으로 나타낸다.

　　형식과 예절 또한 공격을 받는다. 빅토리아 시대의 영
국에서는 형식과 깍듯한 예의가 실질적인 것보다 중요했다.
앨저넌은 피아노를 칠 때 연주방식이 정확히 치는 것보다 더
중요하다고 생각하고 그렇게 말한다. 그리고 어떤 대상에 대
해 하찮게 말하는 것이 재치로 여겨졌는데, 실질보다 형식을
존중하는 사회의 대표적인 모습이었다. 와일드는 등장인물들
에게 종종 사실로 여겨지는 것과는 정반대되는 말을 하게 함
으로써 대다수 관객들이 옳다고 믿는 것의 위선적인 면을 지
적한다.

　　주제탐색 빅토리아 시대의 문화 역시 공격 대상이다. "현대 문화
의 절반 이상이 사람들이 읽어서는 안 되는 것에 뿌리
를 두고 있다"는 앨저넌의 비판도 그 시대의 위선적인 면을
지적한다. 유행에 뒤지지 않으려고 추문에 얽힌 것을 읽지만
점잖은 자리에서는 그런 이야기는 입에 올리지 않는다는 위선

또한 만연되어 있었다. 앨저넌은 신문들은 교육도 받지 못했으면서 자신을 문학 평론가로 생각하는 자들이 쓴 글 투성이라고 비난한다. 아마도 와일드는 당시 사회에 대한 비평이나 비판은 예술을 이해하는 교양인들에게 맡겨야 한다는 말을 하려는 것 같다.

　　이 극을 관람했던 상류층 관객들은 와일드가 빅토리아 시대의 가치관을 공격하는 것에 불쾌해 하지 않고 친숙한 장소의 이름이나 문화에 대해 들으면서 오히려 마음이 푸근해졌다. 윌리스, 그로스브너 광장, 켄트의 턴브릿지 웰스, 해프 문 거리 등은 그들에게 아주 친숙했고, 그것을 통해 잭과 앨저넌이 어떤 사람들을 상징하는지 알았다.

문체
탐색　평론가들 가운데는 와일드의 문예 창작은 그가 그 근원이나 유래를 조사·연구해 보고 싶어했던 경구나 풍자적인 말들을 수집하는 데서부터 시작되었다고 보는 이들이 있다. 와일드는 누구나 아는 말들을 비틀어 표현함으로써 사람들이 그것이 아무 짝에 쓸모없는 말이라는 점에 대해서는 전혀 생각해 보지도 않는다는 사실을 지적하고 있다. 예를 들어, "부부 인연은 하늘이 맺어준다"를 "이혼 인연은 하늘이 결정한다"로 비틀어 이혼이 행복한 삶에 더 보탬이 된다는 말을 하고 있는 것이다. 빅토리아 시대에 당연시되던 생각을 뒤집은 이 표현이 어쩌면 더 진실일지도 모른다. 그런가 하면 당시 사람들이 사회적 지위처럼 하찮은 것에 매달려 고민하는 모습

을 비꼬아 "초대받지 못하는 것보다 사람을 더 화나게 만드는
것은 없다"는 말을 하기도 한다.

문체
탐색 그 밖에도 와일드는 동음이의어를 현란하게 사용해 관
객들을 웃긴다. 어떤 낱말이 특정한 상황에서 의미가
바뀌는 것을 이용해 웃음을 자아내는 것이다. 치과의사와 그
들이 풍기는 인상에 대해 잭이 말한다. "치과의사도 아니면
서 치과의사처럼 말하는 건 정말 꼴사나워. 그릇된 인상(false
impression)을 줄 수도 있거든." 그러자 앨저넌이 이렇게 받
는다. "그게 치과의사들이 늘 하는 일이야." 의치(false teeth)
와 의치를 만들어내는 의치의 본(dental impression), 그리고
사람에 대한 인상(impression)이 이 말장난에서 대비되고 있
다. 재치 있게 말하고, 말장난 잘하는 것이 상당한 능력으로
여겨지던 사회에서 와일드는 단연 일류였다고 하겠다.

:줄거리 이름이 어니스트라야

브랙넬 여사와 딸 그웬돌렌이 앨저넌의 집에 도착한다. 브랙넬 여사는 조카인 앨저넌이 이날 저녁 파티에 참석해 주기를 바라지만 앨저넌은 친구 번버리를 문병하러 시골에 가야 한다고 말한다. 그러면서 토요일 연회 때 연주할 음악들은 선곡해 놓겠다고 한다. 두 사람은 상류층 사람 몇몇에 대해 이런저런 이야기를 주고받다가 오이 샌드위치가 준비되어 있지 않은 것을 보고 브랙넬 여사가 소리를 지른다. 레인이 시장에 가 보았더니 오이가 없더라고 둘러댄다.

앨저넌은 잭과 그웬돌렌만 있도록 시간을 벌어주기 위해 브랙넬 여사를 슬며시 다른 방으로 이끌어가서는 음악 선곡에 대한 이야기를 한다. 그 사이에 잭은 그웬돌렌에게 청혼한다. 그웬돌렌은 어니스트란 이름을 가진 사람과 결혼하는 게 꿈이라며, 잭이란 이름에는 음악적 공명이나 떨림 같은 요소가 없다고 답한다. 말은 그렇게 했지만 그웬돌렌은 청혼을 받아들이고, 잭은 속으로 다시 세례를 받아 진짜 어니스트가 되어야겠다고 생각한다. 두 사람이 있는 방으로 돌아온 브랙넬 여사는 그웬돌렌 앞에 무릎을 꿇고 있는 잭을 보고는 까닭을 묻는다. 브랙넬 여사는 두 사람의 약혼을 인정하지 않으면서 그웬돌렌에게 먼저 나가서 마차에 타고 기다리라고 한다.

브랙넬 여사는 잭이 그웬돌렌의 신랑감으로 적합한지 알아보려고 이

것저것을 캐묻는다. 잭이 자신은 기차역에 놓인 짐 가방 속에 들어 있다 발견되어 입양되었다는 말을 하자 그녀가 경악한다. 잭은 이어서 빅토리아 역에서 자기를 주워다 기른 토머스 카듀 경이 그때 마침 '워딩'행 기차표를 끊었기 때문에 자기에게 워딩이라는 성을 붙여주었다고 덧붙인다. 브랙넬 여사는 그웬돌렌은 결코 "기차역 대합실과 결혼하거나 짐꾸러미와 부부 인연을 맺을 수는 없다"고 잘라 말하고, 무슨 수를 써서라도 부모를 찾아내든지 만들든지 하라고 한다. 그리고는 작별을 고하고 한껏 으스대는 자세로 방에서 나가는데, 이때 앨저넌은 옆방에서 피아노로 결혼행진곡을 연주한다. 그웬돌렌에게 청혼하고, 브랙넬 여사의 이런저런 질문에 답을 하고 난 잭은 갑자기 시실리 생각을 하게 된다. 자기가 꾸며낸 질 나쁜 동생 어니스트에게 시실리가 지나칠 정도로 호기심을 가지고 있다는 것을 아는 잭은 이번 기회에 어니스트가 파리에서 심한 오한에 걸려 죽은 것으로 처리해야겠다고 다짐한다. 문제가 있는 사내들이 혹시라도 시실리에게 청혼하는 사태가 일어나지 않도록 하려면 후견인으로서 마땅히 그렇게 해야 한다고 생각하게 된 것이다.

브랙넬 여사가 나가고 나서 얼마 후 다시 잭이 있는 방으로 돌아온 그웬돌렌은 두 사람이 절대 결혼을 할 수 없을 것 같다면서, 하지만 잭을 변함없이 사랑하며 어머니의 생각을 바꾸기 위해 애쓰겠다는 말도 덧붙인다. 그리고는 매일 편지를 쓰려고 하니 시골집 주소를 가르쳐달라고 한다. 잭이 시골집 주소를 불러줄 때 시실리 카듀에게 관심을 갖고 있던 앨저넌이 엿듣고 재빨리 셔츠 소매에다 주소를 적는다.

: 풀어보기

주제 탐색 브랙넬 여사가 등장하면서 연기와 풍자가 활기를 띤다. 빅토리아 시대 귀족으로서 브랙넬 여사는 오만하고, 고집 세며 보수적인 인물이다. 한 마디로 전형적인 상류층 마나님이라고 할 수 있다. 와일드는 브랙넬 여사를 이용해 빅토리아 시대 상류층의 결혼관을 계속해서 풍자한다. 결혼은 부모가 잘 계획하고 신중하게 선택하는 일이다. 쌍방이 사회적 지위, 가문, 재산 등을 잘 고려해 서로의 힘과 권력을 보강하는 거래가 결혼이다. 따라서 브랙넬 여사가 그웬돌렌에게 언제 누구와 약혼하라고 하면 그걸로 그만인 것이다. 사랑 여부나 그웬돌렌의 의견 따위는 아무 소용이 없다. 어쨌든 브랙넬 여사는 잭을 심문하듯 이것저것 물어보고는 재산이나 정치적 이념에 대해서는 마음에 들어한다. 그러나 잭이 부모를 '잃었다'고 하자 '부주의하다'고 나무란다. 그녀는 잭의 가문이 대단치 않다는 것을 알게 되자 결혼 가능성을 높이려면 어떻게 해서든지 부모 가운데 적어도 한 사람을 찾아내든지 만들든지 하라고 한다. 잭은 엉뚱하게 짐 가방은 하나 내놓을 수 있다며, 부모 문제는 그것으로 매듭을 지었으면 좋겠다고 말한다. 결혼에 대한 와일드의 생각들이 계속해서 브랙넬 여사의 입을 통해 전해진다. 브랙넬 여사는, 얼마 전 과부가 된 하버리 여사는 남편이 죽고 나자 20년은 더 젊어 보인다며 요즘은 의무 때문이 아니라 즐거움으로 산다는 말을 한다. 와일드는 당대 사람들의 결혼관을 조롱하며 왜 가문이나 재산이 사랑보다 중요하느냐고 물으면서, 결혼이 기쁨으로써 선택되지 못하고 하나의 일로써 치러진다는 것을 지적하고 있다.

주제탐색 다음으로는 상류층의 교육관을 비판한다. 그들은 교육이란 사회를 있는 그대로 지속될 수 있게 하는 것이어야 한다고 믿었다. 따라서 "어쨌든 다행히 영국에서는 교육이 어떤 부작용을 낳지 않았다. 만일 그랬다면 상류층에 큰 위협이 되었을 것이고, 아마 그로스브너 광장에서 폭동이 일어났을 것이다"라는 식의 말이 나온다. 2막에 가면 가정교사인 프리즘 양이 시실리에게 공부를 가르치는 장면이 나오는데, 이때 상류층 사람들이 온당한 교육이라고 믿는 바가 드러난다.

브래넬 여사나 상류층의 눈으로 볼 때는 시대를 막론하고 혁명이라든가 사고방식의 변화라는 것은 용납할 수 없는 악이다. 정치는 '제대로 된 사람들'의 손에 맡겨야 하는 것이다. 그들은 사람들이 부모의 출신 성분을 알고 처신하는 것 같은 온당한 행동들이 사회의 가치관을 유지시킨다고 생각하고, 사회통념을 무시하는 자세가 초래할 결과에 대해 두려움을 느꼈다. "사회 통념을 무시하는 태도는 프랑스 혁명보다 더 무서운 결과를 낳는데, 그 언짢은 혁명의 결과가 어땠는지는 잘 알고 있지요?" 프랑스 귀족들은 사형을 당했지만, 브래넬 여사는 자기 목이 무사하기를 바랄 것이다. 와일드는 브래넬 여사의 입을 통해 다시 한 번 소수의 손 안에 권력을 집중하고 유지하려는 사회 체제를 비판하고 있다. 사람들로 하여금 생각하고 회의를 품을 수 있게 만드는 교육은 권력을 지닌 사람들의 입장에서 볼 때는 너무나 위험한 발상이다.

주제 탐색 또 한편으로는 가족에 대한 인식도 비판하고 있는 것 같다. 당시 가족에 대한 의무는 강제성이 강했는데, 와일드는 그로 인해 자발성, 상상력, 자유 같은 가치가 말살당한다고 본 듯하다. 브래넬 여사가 잭에게 하는 말을 들으면 가족이라는 것이 고급 저택이나 호사스러운 마차처럼 사거나 얻을 수 있는 것처럼 생각한다는 사실을 알 수 있다. 잭이 브래넬 여사를 비판하자 앨저넌은 이모를 감싸는 대신, "친척들이란 어떻게 살아야 하는 것인지 눈곱만큼도 아는 게 없고, 세상을

하직할 생각은 아예 하지도 않는 성가신 사람들 무리지"라고 말한다. 그때문인지 잭과 앨저넌은 가족에 대한 의무에서 벗어나 런던이나 시골에서 다른 사람으로 행세한다. 그러면서도 잭은 자신의 진짜 출신에 대해 알고 싶어하고, 그웬돌렌은 어머니의 보수적인 가치관에서 벗어나려고 한다. 와일드는 오늘날 문제로 지적되고 있는 가족의 역기능을 내다보았던 것 같다.

인물탐색 그웬돌렌의 이름은 어쩌면 그녀의 '터무니없는' 일면을 암시하는지도 모른다. 그녀는 중요한 문제들을 대수롭지 않게 생각하고, 현실이 아닌 일이나 사람에 대해 상상한다. 와일드는 재산이나 가문 대신 남편감의 이름을 보고 결혼하는 것이 현명한 짓인지 어리석은 짓인지 묻고 있다. 종교적 가르침이나 사회의 추세 때문에 사회 질서를 받아들이는 그웬돌렌을 통해 자기 자신의 기분보다 대중의 감정이나 기분을 더 자주 입에 올리는 사람들을 다시 한 번 비판하는 것이다. 그녀는 당시 사람들이 진실이라고 믿는 것과는 정반대되는 말들을 자주 하는데, 바로 그런 대사들을 통해 와일드는 상류층 사람들의 대화라는 것이 시시하고 무의미하다는 생각을 드러내고 있다. 그웬돌렌은 잭에게 "그 단순한 성격 때문에 당신이란 사람이 너무나 신비롭게 보여요"라는 말을 하는가 하면, 젊은이로서 노인을 공경하는 대신 "요즈음은 자식이 하는 말을 존중하는 부모들이 별로 없어요. 젊은이들을 존중하던 좋은 풍습이 졸지에 사라져가고 있는 거죠"란 말을 하기도 한다.

문학적 장치 잭의 청혼 장면 역시 우스꽝스럽기 짝이 없다. 그웬돌렌은 형식에만 관심이 있다. 사실 남자 이름이 어니스트이기만 하면 누가 청혼해도 받아들일 준비가 되어 있는 것이다. 잭이 결혼 이야기를 꺼내자 그 문제를 자신과 미리 상의하지 않은 것은 옳지 않다고 지적한다. 청혼도 격식을 갖춰 제대로 해야 한다는 것이다. 그러면서 자기 오빠는 청혼 연습까지 한다는 말을 한다. 와일드는 열정과 신중함이 무엇보다 중요한 사랑과 결혼을 연습과 형식의 문제로 격하시키고 있다. 실질보다는 형식에 치우치던 헛된 가치관을 사랑과 연애를 가지고 풍자하는 것이다.

주제 탐색 1막 전체에 걸쳐 등장인물들은 중요한 것들을 무시하고 하찮은 것들을 떠받든다. 당시 사회가 귀하고 가치 있다고 여기는 것들에 대해 관객들에게 진지하게 생각해 보라고 권하는 것 같다. 똑똑해 보이는 등장인물들이 쉴 새 없이 말도 안 되는 시시한 소리들을 지껄이게 함으로써 여러 각도에서 사회의 모습을 반추하도록 하는 것이다. 잭이 앨저넌에게 이런 말을 한다. "사람들이 너무 똑똑해서 거의 죽을 맛이야. 요새 사람들은 전부 똑똑해. 어디를 가나 똑똑한 사람들뿐이지. 아주 혐오스런 사회 현상이 되었어. 제발이지 바보들이 좀 남아 있으면 좋겠어." 그러자 앨저넌은 "남아 있지"라고 받는다. 잭은 뚱딴지같이 자기들이 무슨 이야기를 했느냐고 묻고, 앨저넌은 "물론 똑똑한 사람들 이야기를 했었지"라고 대답한다. 사람들은 전부 말도 안 되는 이야기만 한다는 잭과 앨저넌의 대사로 1막이 끝난다. 1막 내내 등장인물들의 대사 한 마디 한 마디를 통해 귀한 가치를 희생시켜가며 외적인 것에 집착하는 영국 사회를 비판한 것이다.

　　그렇다면 어떤 것들을 소중하게 여겨야 할까? 다른 사람들에 대한 연민이나 동정 같은 것들을 중요하게 생각해야 한다고 와일드는 분명하게 밝히고 있다. 그러나 브랙넬 여사는 질병과 죽음이란 문제마저 불경스럽고 경박스럽게 대한다. 번버리라는 친구를 문병가야 한다는 앨저넌의 말에 브랙넬 여사는 "살 건지, 죽을 건지 이제 그 번버리 씨는 양단간에 결정을 해야 할 것 같구나. 살고 죽는 문제를 가지고 이렇게 애매모호한 태도를 보이는 것은 말도 안 돼"라고 한다. 게다가 환자를 위로할 필요도 없다고 생각한다. 그녀는 번버리가 토요일에 상태가 악화되어 자신의 파티에 지장을 주지 않기만 바란다. 브랙넬 여사의 이런 무지막지한 대사로 와일드는 다른 사람들의 처지야 어떻든 자기 일만 중시하는 상류층 관객들로 하여금 그들의 가치관에 대해 생각해 보라고 권하는 것이다.

인물탐색 이 극에서 시실리는 새로운 여성상을 지닌 인물로 등장한다. 앨저넌이 시실리에게 호기심을 나타내자 잭은 시실리가 사교계에서 흔히 보는 여자들과는 다르다고 말한다. "밥 잘 먹고, 산보도 오래하고, 공부에는 관심이 없어." 빅토리아 시대 상류층 여성 대부분과는 달리 시실리는 자립심이 있고, 강인하며, 자기가 무엇을 원하는지 알고 있다. 시실리에 대한 설명을 들은 앨저넌은 시실리에게 한층 더 호기심을 갖게 되고, 시실리를 만나볼 궁리를 하게 된다.

인물탐색 앨저넌의 대사로 상류층의 가치관을 전달하는 것 외에 와일드는 그를 통해 젊은 멋쟁이나 미학을 추구하는 사람들의 생활 방식을 알리고 있다. 잭과 앨저넌이 저녁 때 무엇을 할지 이야기하는 장면에서 그 결정은 아주 어려운 일로 묘사된다. 무엇을 해야 좋을지 모르는 앨저넌이 "나가서 저녁을 먹을까? 극장에 갈까? 클럽에 갈까? 엠파이어에 갈까?"라고 묻자 잭은 "아무것도 하지 말자!"라고 대답한다. 그러자 앨저넌은 "아무것도 안 하는 게 얼마나 힘든데"라고 반박한다. 일을 하는 것도 아니지만 그렇다고 다른 아무것도 하지 않으면서 우아하게 지내는 것이 어쩌면 미학을 추구하는 사람들의 모습일지도 모르겠다. 앨저넌은 방금 도착한 청구서를 찢어버리는데, 이런 모습은 의무에 대한 멋쟁이들의 태도를 드러낸다.

문제탐색 극이 전개되는 내내 와일드는 멋들어진 경구들을 쏟아 놓고 동음이의어의 말장난을 한다. 앨저넌은 이렇게 말한다. "여자들은 하나같이 자기 어머니처럼 돼. 그게 여자의 비극이지. 반면에 자기 어머니처럼 되는 남자는 하나도 없어. 그게 남자들의 비극이고." 여자들은 자기 어머니처럼 되고 싶어하지 않는 것 같은데 남자들이 여성적인 가치관이나 태도를 함양한다면 올바른 선택이라고 와일드는 생각하고 있는 것 같다. 어쩌면 이런 생각은 동성애에 대한 옹호일 수도 있다. 1막에 나오는 경구들은 가족, 남성과 여성, 결혼, 신분, 상류층의 가치관 등에 대한 와일드의 견해를 반영하고 있다. 또 다른 예로, 사회적 지위를 지닌 신사들을 예전처럼 떠받들지 않는 현상을 브랙넬 여사의 말로 풍자하고 있다. "사람이 살아 있는 동안 해야 하는 의무와 사람이 죽은 다음 거둬가는 세금의 관계를 따져볼 때 토지를 소유한다는 것이 이제는 더 이상 별 실익도 없고 그렇다고 즐거움이 있는 것도 아니라우. 뭔가 지위는 안겨줄지 몰라도 그 지위를 지킬 수조차 없게 하는 게 토지지." 이것은 사람의 지위에 따라 마땅히 해야 할 것으로 기대되는 의무(duties)와 정부에서 거둬가는 세금(duties)을 멋지게 조화시킨 동음이의어 말장난이다.

2막 1장

 가상의 인물 어니스트가 실제로 등장하다

잭 워딩의 시골집. 정원에서 프리즘 양이 시실리에게 독일어 문법을 가르친다. 시실리가 잭 아저씨의 질 나쁜 동생 어니스트를 만나보고 싶다고 하자 프리즘 양은 잭에게서 듣던 말을 그대로 되풀이해서 어니스트는 나약한 사람이라고 한다. 프리즘 양은 나약한 성격을 지닌 사람들의 말로를 잘 알고 있다. 그녀는 젊은 시절에 통속 연애소설을 썼는데, 그 소설에서도 착한 사람은 끝이 좋았지만 나쁜 사람은 비참했다는 말을 한다.

이때 마을 성공회 성당의 채셔블 신부가 찾아와 프리즘 양과 숙덕거린다. 두 사람은 시실리만 남겨두고 정원 모퉁이로 사라진다. 하인 메리먼이 시실리에게 다가와 어니스트 워딩 씨가 짐꾸러미까지 가지고 찾아왔는데, 카듀 아가씨와 이야기를 나누고 싶어한다는 말을 전한다. 앨저넌이 잭의 동생 어니스트인 척하며 나타난다. 시실리가 잭 아저씨는 월요일 오후에 돌아오실 예정이라고 말하자 앨저넌은 월요일 오전에 떠날 것이라고 말한다. 정말이라면 형제 사이에 보통 아쉬운 일이 아니다. 앨저넌은 시실리의 미모에 찬사를 보낸 다음, 함께 안으로 들어가고 그 자리로 다시 프리즘 양과 채셔블 신부가 돌아온다.

잭이 상복을 입고 나타나 동생 어니스트가 파리에서 죽었다고 말하고, 채셔블 신부에게 오후 5시쯤에 다시 세례를 받게 해달라고 한다. 시실리가 집 안에서 나와, 아저씨의 동생 어니스트가 찾아와 지금 식당에 있다

는 말을 한다. 어니스트는 이미 죽은 걸로 되어 있는데 이게 도대체 무슨

일인가? 집 안에서 나오는 앨저넌을 보고 잭은 깜짝 놀란다. 어니스트인

척하는 앨저넌은 잭에게 이제부터는 회개하고 착하게 살겠다고 맹세한다.

    잭은 앨저넌이 자기를 속인 것에 화를 내며 그를 돌려보낼 마차를 부

르라고 한다. 잭이 집안으로 들어가 버리자 앨저넌은 그 틈을 이용해 시

실리에게 사랑을 고백한다. 앨저넌이 시실리에 대한 불타는 사랑을 열정적으로 읊는 동안 시실리는 그 내용을 일기에 적어 넣는다. 앨저넌이 시실리에게 청혼하자 그녀는 청혼을 받아들인다. 사실 시실리는 어니스트가 사랑을 고백하고 약혼하는 이야기를 이미 일기장에 써둔 상태이기 때문에 현실에서 마다할 이유가 없었던 것이다. 그녀는 한술 더 떠서 어니스트가 보내는 것처럼 자기 앞으로 편지까지 썼었다. 시실리는 어니스트란 이름에서는 확고한 믿음 같은 것이 느껴지기 때문에 오래 전부터 이름이 어니스트인 사람과 결혼하고 싶은 소망을 지니고 있었노라고 말한다. 잭이 그웬돌렌 때문에 다시 세례를 받아야겠다는 생각을 했던 것처럼, 앨저넌도 어니스트라는 이름으로 다시 세례를 받기로 작정한다.

· 풀어보기

주제 탐색 2막에서는 1막에서 제시했던 주제들이 한층 분명하게 전개되는 한편, 새로운 풍자의 대상이 될 인물들이 등장한다. 무대는 사회의 인위적이고 가식적인 분위기에서 벗어나 자연의 단순함으로 돌아갈 수 있는 전원적 분위기의 시골이다. 2막에서는 빅토리아 시대 사람들의 연애관과 결혼관은 물론, 종교관도 해부한다. 그러나 어니스트란 이름이 희극적으로 미묘한 분위기를 풍기듯이 등장인물들은 시골에서조차 빅토리아 시대의 예의나 범절에서 벗어나지 못한다.

몇몇 등장인물의 대사에서는 여전히 게으름, 의무, 결혼 같은 말들이 나온다. 프리즘 양은 깊은 한숨을 내쉬며 쾌락을 좇는 사람들이 대체로 결혼을 하지 않는다는 말을 한다. 의무를 다한다는 것은 그 시대 사람들에게 무척 중요했다. 특히 하인이나 마찬가지인 가정교사 프리즘 양의 입장에서는 의무나 책임을 다한다는 것을 미덕으로 여길 수밖에 없다. 그러나 시실리는 프리즘 양의 그런 생각과는 반대다. "잭 아저씨가 우리와 함께 있을 때면 좀 따분해 하는데, 그게 아마 의무감 때문일 거예요." 와일드가 이 극에 '진지한 사람들을 위한 하찮은 희극 A Trivial Comedy for Serious People'이라는 부제를 붙인 것만 보아도 그는 굳은 결의를 가지고 의무를 다하며 사는 것은 근시안적이고 따분하다고 말하는 것이 틀림없다.

프리즘 양과 채셔블 신부는 종교적 열정과 도덕관념의 관계를 희극적으로 언급한다. 종교는 무미건조하고, 무의미하며, 돈이 많이 드는 것으로 묘사된다. 채셔블 신부는 잭에게 하나의 주제를 가지고 여러 가지 성사(聖事)에 맞춰 설교할 수 있다는 말을 한다. 상황에 따라 기쁜 내용이나 슬픈 내용으로 바꿀 수 있다는 것이다. 이를 통해 와일드는 종교는 무의미하며, 설교란 우스운 헛소리에 불과하다는 주장을 한다. 대부분의 사람들이 아기일 때 유아 세례를 받는 현실을 감안하면 어른인 잭이 다시 세례를 받겠다고 덤비는 것도 우습기 짝이 없는 노릇이다.

프리즘 양은 도덕적으로 엄격한 기준을 지닌 여인이지만 과거에는 멜로드라마식 연애소설을 쓰기도 했던 사람이다.

와일드는 그녀를 이용해 경직된 가치관의 어이없음을 장난스럽게 비판하고 있다. 요조숙녀처럼 행동하는 그녀의 엄격하고 청교도적인 모습 뒤에는 확실한 위선자의 모습도 자리 잡고 있다. 엄격한 도덕적 기준을 가진 사람으로 자처하는 프리즘 양의 언행의 어처구니없음은 어니스트가 파리에서 '낭비를 일삼다 수치스럽게 빚만 남기고' 죽었다는 말을 듣고 내뱉는 한마디에서 절정을 이룬다. 시실리를 엄격한 가치관으로 교육해야 하는 자신의 의무를 충실히 따르겠다는 투로 이렇게 말하는 것이다. "큰 교훈을 얻었겠군요! 제 생각에는 그렇게 죽는 게 그 사람한테는 득이 될 거예요."

문학적 장치 사회 규범을 따르지 않는 사람을 배척하는 풍조를 개혁운동이라는 것을 통해 풍자하고 있다. 프리즘 양은 이렇게 말한다. "그 자리에서 악인을 선인으로 바꾸는 요즈음의 열기에 나는 동조할 수 없습니다." 이 말로써 와일드는 상류층이 도덕적 모범을 보여 악한 사람들을 변화시킬 의무가 있다는 생각을 전하고 있다. 당시 영국만 해도 사회 변화에 앞장서겠다는 뜻을 내세우는 단체들이 많았다. 앨저넌은 장난스럽게 시실리에게 자신의 힘으로는 어떻게 해볼 도리가 없으니 제발 자기를 변화시켜 달라고 한다. 시실리는 이렇게 대답한다. "오늘 오후에는 아무래도 시간이 없을 것 같아요." 확실히 1890년대의 영국에는 대대적인 개혁이 필요했다. 이런 점에서 상류층 관객들을 풍자하는 와일드의 의도는 채셔블 신부의

대사에서 분명히 드러난다. 신부는 얼마 전 상류층불만방지협회에서 자선을 주제로 설교했다는 말을 한다. 이 협회 이름은 부유층 사람들이 자기만족이나 자기위안을 얻기 위해 들락거리는 허울 좋은 각종 사회사업단체들을 비꼬기 위한 것이다.

와일드는 2막에서 이성에 대한 관심과 애정을 억누르고 감추는 풍조에 대해서도 한바탕 공격을 가한다. 실제로는 거리를 둔 상태에서지만 시실리는 죄와 악함에 매혹을 느낀다. 시실리는 나쁜 사람들이 실제로 어떻게 생겼는지 알지도 못하면서 어니스트가 '나쁜 사람'이었으면 좋겠다고 생각한다. 그녀는 요조숙녀인 프리즘 양이 예전에 세 권짜리 연애소설을 썼다는 사실에 굉장히 놀라워한다. 빅토리아 시대에 그런 소설은 문학작품 대접을 받지 못했지만 사람들은 남몰래 탐독했다. 물론, 그런 소설들의 교훈도 권선징악이기는 하다. 프리즘 양은 문학에 대한 당시의 보수적인 견해를 그대로 드러내 창작문학이란 것에 대해 "착한 사람은 끝이 좋고, 악한 사람은 비참하다"고 설명한다. 사회의 다른 면과 마찬가지로 소설에서조차 상과 벌은 분명하고 예외가 없다.

인물 탐색 ▶ 채셔블 신부와 프리즘 양은 시실리보다 더 노골적으로 시시덕거리면서 욕망과 정욕에 대해 농담을 지껄인다. 프리즘 양이 채셔블 신부와 산책을 하려고 할 때면 언제나 남자이기 때문에 같이 가는 것이 아니라는 뜻으로 머리가 아파 좀 걸어야겠다는 말을 한다. 농담을 즐기는 채셔블 신부는 은유적인 말을 해놓고는 오해를 사지 않으려고 그 은유에 대해 설명을 늘어놓는다. 예를 들면, "내가 프리즘 양의 학생이라면 얼마나 좋겠습니까? 그 입술에 매달려 있을 텐데요." 이 말을 들은 프리즘 양이 신부를 빤히 쳐다보자 신부가 해명을 하는데 계속 실수 연발이다. "아, 은유적으로 한 말입니다. 내 은유는 벌들에서 따온 겁니다." 분명히 성에 대한 이야기(birds and bees)를 연상시키는 이 대사는 드러내 놓고 말할 수는 없지만 도저히 감출 수 없는 인간 내면의 욕정을 설명하고 있다. 프리즘 양도 성직자인 채셔블 신부를 '박사님'이라고 부르는 것은 아무래도 분위기를 세속적으로 끌고 가기 위한 것으로 보인다. 눈이 맞은 두 사람 사이의 대화를 통해 와일드는 당시 사회가 성본능을 억압하고 있다는 사실을 지적하는 한편, 속으로야 어떤 감정을 갖고 있건 겉으로 드러난 모습에만 의미를 두는 모순을 풍자하고 있다.

프리즘 양과 채셔블 신부 사이의 은유적인 대화는 결국 채셔블 신부의 독신생활로까지 옮겨가는데, 그 내용은 2막이 끝날 때까지 계속해서 웃음의 여운을 남긴다. 채셔블 신부가 독신생활과 관련해 교회의 입장을 옹호하자 프리즘 양은 성직자가 독신으로 사는 것이 사실 여자들에게는 더 큰 유혹이 된다고 말한다. 그 시대 사람들에게 성숙(maturity), 원숙(ripeness), 미숙(green)이란 말들은 경험이나 순진함과 관련된 완곡한 표현이었다. 채셔블 신부는 프리즘 양에게 했던 말이 자칫 속물스럽게 들릴 수도 있다고 생각하고 얼른 이런 설명을 덧붙인다. "원예 이야기를 했던 겁니다. 내 은유는 과일에서 따온 것입니다." 채셔블 신부의 말이 은유적인 것은 성적 체험은 은밀한 성격을 지닌 것이라고 믿는 1890년대 영국 사회의 관념을 드러낸 것이다. 어른들은 자녀들과는 물론이거니와 점잖은 자리에서는 성에 관한 이야기를 하지 않았다. 시실리가 악함에 매혹을 느끼는 것도 무리가 아니었다. 나이든 사람들은 큰 비밀이 새어나간다는 듯이 성문제를 모호한 방식으로만 말했기 때문에 젊은 처녀들은 성지식으로부터 철저히 차단당했다.

채셔블 신부와 프리즘 양을 통해 사회 계층 간의 장벽

또한 확실하게 드러난다. 영지 안에 있는 마을 성당의 채셔블 신부는 영주인 잭의 명령에 따른다. 특별한 예식이나 성사, 설교 요청이 있으면 기꺼이 원하는 대로 해준다. 신학 박사라는 면에서 보면 귀한 학자지만 사회적 신분은 하층 계급이다. 프리즘 양 역시 하녀나 마찬가지인 부잣집 가정교사로 생활하는 입장이다.

주제 탐색 와일드는 시실리의 가정교육이라는 소재를 이용해 엄격하고 창의성이 계발되지 않는 영국의 교육을 비판한다. 위험한 상상을 하지 못하도록 시실리는 과보호되고 있다. 무미건조하고 후음(喉音)을 많이 쓰는 독일어는 좋은 공부거리로 인정받았는데, 독일어를 암송하고 난 시실리에게는 정말 아무 느낌도 없다. "루피화의 폭락"은 시실리가 읽기에는 너무 '충격적'이다. 정치경제학은 당시 남학생들에게 크게 주목받던 학문이었지만 아가씨들과는 거리가 멀었다. 권위적이고, 보수적이며, 창의성 없는 내용의 책이 젊은이들을 교육하는 최고의 교재로 인정받았다. 젊은이들은 그런 책들로 사회에 대해 의문을 품지 않고, 급격한 변화를 추구하지 않는 사람으로 길들여졌다. 그런 교육은 사회를 있는 그대로 끌고 가려는 것인데, 와일드의 비위에 맞지 않기 때문에 비판을 가하고 있는 것이다.

문학적 장치 하인 메리먼의 익살스러움은 잭의 진지함과 극적인 대비를 이룬다. 이름 Merriman(merry:유쾌한 + man: 사람)이 벌써 은근한 익살을 암시하고 있다. 앨저넌을 마차에 태워 런던으로 돌려보내려고 하는 장면에서 시실리와 잭과 함께 앨저넌을 이리저리 잡아끄는 메리먼의 모습은 웃음을 자아낸다. 메리먼은 좋고 싫은 기색을 전혀 드러내지 않는다. 상전의 뜻을 그대로 따르면서 자기 감정을 절대 얼굴에 나타내지 않는 숙련된 무표정을 통해 와일드는 가식적이고 판에 박힌 사회를 풍자한다. 오고가는 손님들의 접대와 환송, 그리고 집안을 원활히 돌아가게 하는 것이 메리먼의 일이다. 그는 자기 처지를 잘 알고 있는 모범적인 하인이다. 시실리가 꽃에 물을 준 것을 알고는 그것은 하인이 할일이라며 시실리에게 벌을 주는 프리즘 양 역시 자기 처지를 잘 아는 하류층 사람이다. 와일드는 여러 가지 작은 사건들을 소극의 틀 안에 섬세하게 담아 전개하면서 사람은 누구나 자기가 할일이 있으며 그 처지를 잘 알아야 한다는 빅토리아 시대의 가치관을 비웃고 있다.

와일드는 2막에서 겉치레에 집착하는 빅토리아 시대의 실없음도 드러내 보인다. 앨저넌은 시실리에게 절대 잭에게 자기 옷을 고르지 못하게 한다고 말한다. "잭은 넥타이 보는 안목이 전혀 없어요." 옷은 겉치장이고 겉치장이 가장 중요하다. 앨저넌은 단 며칠 여행하는 동안에도 '커다란 짐 가방 세 개, 옷 가방 하나, 모자 상자 두 개, 커다란 도시락 바구니 하나'를 지니고 다닌다. 당시 사람들이 얼마나 사소한 것에 치중했는지 알 수 있는 대목이다.

인물 탐색 시실리는 처녀다운 상상을 일기에 적어두는데, 그 내용은 현실보다 재미있다. 받는 교육이라는 것이 무미건조하고 따분하다보니 그녀는 상상의 세계 속에서 산다. 그곳은 시실리만의 비밀 세계이기도 하지만 스스로를 교육하는 배움터이기도 하다. 그녀 역시 앨저넌처럼 즉각적인 만족을 좋아하는데, 앨저넌을 처음 보는 순간 이미 자신을 만족시켜줄 남자로 자리매김한다. 앨저넌이 그녀를 '어린 사촌 시실리'라고 부르자 반박한다. "이상하게 실수를 하시는군요. 저는 어리지 않아요. 사실 제 나이 또래 누구하고 견줘도 훨씬 클 걸요." 앨저넌은 그 당당함에 놀란다. 와일드는 시실리를 통해 자기주장을 할 줄 아는 새로운 여성상을 예시한다.

주제 탐색 2막에서는 연애와 청혼에 대한 당시 사람들의 생각도 비판한다. 그웬돌렌과 잭은 이미 청혼은 제대로 해야 하며, 특히 누군가 보는 사람이 있을 때는 더더욱 그래야 한다는 것을 보여주었다. 이제 시실리와 앨저넌이 당시의 연애와 청혼을 조롱한다. 연애와 청혼 역시 겉치레가 중요하다. 당시 연애와 청혼의 기만성을 시실리의 일기는 적나라하게 드러낸다. 추억은 사람이 한평생 간직해야 하는 것이라고 프리즘 양이 시실리에게 말하자 시실리는 이렇게 받는다. "맞아요. 그렇지만 추억은 온통 실제 일어나지 않았던 일들과 일어날 수 없는 일들로 가득 차 있어요." 프리즘 양의 세 권짜리 연애소설에서 거짓 추억은 연애의 밑거름이 된다. 젊은 처녀들은 원래 결혼에 대해 순진하고 낭만적인 생각을 하게 마련이다. 그러나 빅토리아 시대 상류층 사람들에게 결혼은 서로의 재산과 가문을 따지는 거래에 불과했다고 와일드는 지적한다. 앨저넌이 시실리에게 청혼하며 사랑한다고 말하는 장면을 통해 그 점을 확실히 드러내 보인다. 앨저넌의 청혼을 받은 시실리가 사실 자기들 두 사람은 이미 세 달 전인 2월 14일에 약혼을 했다고 말하자 앨저넌은 어리둥절해진다. 일기에 적힌 시실리의 공상 내용이 그렇다. 한술 더 떠서 그녀는 앨저넌이 어느 자리에서 몇 시쯤 어떤 식으로 청혼을 했다는 말까지 한다. 그 뿐이 아니다. 어니스트가 사랑한다며 써 보낸 연애편지, 그리고 한 번 파혼했던 이야기까지 들려준다. (적어도 한 번 파혼했다 다시 약혼하는 식이 아니라면 제대로 된 약혼이 아니라는 것이다.) 그 와중에 정말 우스운 이야기가 나온다. 시실리는 어니스트의 편지를 보면 표현력은 대단한데 철자가 엉망이라는 말을 한다. 연애편지의 철자를 문제 삼는 시실리의 말을 통해 와일드는 청혼과 결혼을 걸치레로 생각하는 그 시대 사람들의 생각을 꼬집고 있다. 마찬가지로 약혼한 날의 날씨를 문제 삼는 앨저넌의 한 마디는 그런 생각을 한 번 더 비웃고 있다.

어니스트를 차지하려는 두 처녀의 싸움

앨저넌이 세례 받을 준비를 하기 위해 밖으로 나간 사이에 시실리는 어니스트가 정식으로 청혼한 사실을 일기에 적는다. 이때 메리먼이 들어와 그웬돌렌 페어팩스 양이 잭을 만나러 왔다는 말을 전한다. 마침 잭은 채서블 신부의 사제관에 찾아간 탓에 집에 없다. 시실리는 그웬돌렌을 안으로 모시라고 한다. 그웬돌렌이 들어오고, 두 사람은 서로 자기소개를 하며 인사를 나눈다. 잭이 다 큰 아가씨의 후견인이란 사실을 모르고 있던 그웬돌렌은 시실리가 젊고 예쁜 처녀인 점이 마음에 걸린다.

대화를 나누던 그웬돌렌과 시실리는 둘 다 어니스트 워딩과 약혼한 사이라는 말을 한다. 서로의 일기를 비교한 두 사람은 그웬돌렌이 먼저 청혼을 받았다는 사실을 알게 된다. 그러자 시실리는 어니스트가 그웬돌렌에게 먼저 청혼해 놓고 다시 자기에게 청혼을 한 것은 생각이 바뀌었기 때문이라고 말한다. 이때 메리먼이 다른 하인과 차를 들고 들어오자 두 처녀는 말다툼을 중단하고는 꽃과 지리학으로 화제를 돌려 고상하게 대화를 나눈다. 하지만 차를 준비하고, 권하고, 마시는 사이에 암투를 벌인다. 그웬돌렌이 자기 차에는 설탕을 넣지 말고, 곁들여 먹을거리로는 버터 바른 빵을 달라고 분명하게 말했는데도 시실리는 일부러 설탕을 집어 넣고 버터 바른 빵 대신 케이크를 건넨다. 결국 분위기가 썰렁해지고 긴장이 감돈다.

　이때 잭이 집으로 돌아오고, 그웬돌렌은 잭을 어니스트라고 부른다. 잭이 그웬돌렌에게 입맞춤을 한다. 그웬돌렌이 시실리는 어떻게 된 영문이냐고 묻자 시실리가 나서서 설명을 한다. 그웬돌렌 앞에 서 있는 사람은 어니스트가 아니고 자기 후견인인 잭 워딩 아저씨라고. 이어 앨저넌이 돌아오고, 시실리가 앨저넌을 어니스트라고 부르자 그웬돌렌이 시실리 앞에 서 있는 사람은 자기 사촌인 앨저넌 멍크리프라고 알려준다. 두 남자에게 완전히 속은 사실을 안 처녀들은 서로를 위로한다. 잭은 어니스트라는 동생이 없으며, 전에도 없었다는 사실을 겸연쩍게 인정한다. 두 처녀는 자신들은 누구와도 약혼한 상태가 아니란 말을 남기고 안으로 들어간다.

: 풀어보기

인물탐색 2막에서는 시실리 카듀와 그웬돌렌 페어팩스의 성격이 드러난다. 두 처녀 모두 꼭 이름이 어니스트인 남자와 결혼하겠다는 생각을 품고 있다. 또, 둘 다 소신이 강한데다가 난국에 대처할 줄도 알고 많은 공통점도 지니고 있지만, 또 여러 면에서 다르기도 하다.

시실리 카듀는 열정적으로 소망과 목적을 추구하지만 시골에서 과보호를 받으며 살아온 처녀다. 앨저넌과 마주치기 이전까지는 도시 생활에서 흔한 사교나 남자의 유혹 등을 접해 본 적이 없다. 어니스트라는 믿을 수 있는 이름의 전형적인 빅토리아 시대 남자와 결혼하려는 목표를 지녔으며, 앨저넌을 보자 바로 그런 사람을 만났다고 확신한다.

그웬돌렌 페어팩스는 시실리 카듀와는 아주 대조적으로 대도시의 세련된 처녀다. 주관이 분명하며 어머니를 닮아 의지도 강하다. 또 자기가 원하는 것이 무엇인지도 분명하게 안다. 자기가 어니스트에게 도움을 줄 수 있을 것이라고 생각해 어니스트를 쫓아 시골까지 내려온다. 시실리에게는 이런 말까지 한다. "그 딱한 남자가 어떤 바보 같은 약속을 해서 덫에 걸린 상태라면 확실하게 손을 내밀어 즉시 구해내는 게 제의무라고 생각해요." 그웬돌렌은 무슨 생각을 하든 거침없이 말한다. 손잡이 달린 안경을 가지고 다니며 자주 그 안경을 눈에 들이대야만 하는 그녀는 전형적인 빅토리아 시대 여인상을 지닌 어머니로부터 물려받은 근시안적인 시각으로 세상을 본다. 그 어머니에 그 딸이다. 그러나 그녀는 이따금 자신의 신분과 시대적 특성이 강요하는 구속에 짜증을 낸다. 그웬돌렌의 근시안적인 가치관을 와일드는 그녀의 일기를 통해 우스꽝스럽게 보여준다. 그녀의 생각들이란 대체로 자기 자신을 관찰한 결과로 얻어진 것들이다. 와일드의 희곡에 등장하는 인물들이 대개 그렇듯이 그웬돌렌은 완전히 자신에게 사로잡혀 있는 인물이다.

문학적 장치 와일드는 시실리와 그웬돌렌의 대사를 같은 낱말이나 구절들이 되풀이되는 비슷한 표현이 되게 함으로써 두 사람 사이가 긴밀해지는 효과를 주고 있다. 두 처녀는 똑같은 낱말들을 사용해 좋아하는 것들과 싫어하는 것들에 대해 말한다. 어니스트와의 결혼 문제에 대해서도 똑같은 구절을 이용해서 말한다. 그웬돌렌이 "사람들에 대한 제 첫 인상은 절대 틀리지 않아요"라는 말을 하고, 이어 시실리가 "사람들에 대한 제 첫 인상은 절대 흔들림 없이 옳아요"라고 받는다. 사소한 문제에 대한 두 처녀의 부자연스러운 대화는 소위 교양 있는 대화의 한 단면이다. 비슷하게 난처한 상황에 처하게 된 잭과 앨저넌의 대사들도 두 처녀의 대사처럼 비슷하다. 잭은 이렇게 말한다. "여보게 앨지, 이제는 전처럼 그렇게 자주 시골에 내려올 수 없을 거야. 그건 아주 좋은 일이지." 이 말을 앨저넌은 이렇게 받는다. "이제 자네는 전의 나쁜 습관을 따라 그렇게 종종 런던으로 사라질 수 없을 거야. 그건 나쁜 일이 아니지." 이렇게 비슷하거나 같은 낱말 또는 구절이 되풀이되는 대사를 듣고 있으면 마치 두 사람이 껴안은 상태에서 번갈아 방향을 바꿔 돌며 미뉴엣을 추는 광경이 연상된다. 와일드는 당시 사회의 예의범절이나 대화 방식이 가식적이고 겉멋을 찾는다는 인상을 주기 위해 이런 식으로 대사를 전개하고 있다.

빅토리아 시대 사람들의 사교나 사회생활 속의 의례나 의식에 대한 와일드의 비판은 시실리와 그웬돌렌이 차를 마시는 장면에서 절정에 달한다. 청혼, 남의 집 방문, 파티 등 모든 것이 사전에 철저히 계획되고 준비되는 그 시대의 의례나 의식은 두 처녀가 차를 마시며 이야기를 나누는 장면을 통해 완전히 조롱당한다. 차 마시는 일과 그 시간마저 분명한 형식을 따라야 하니 우스꽝스러운 장면이 연출될 수밖에 없다. 시실리가 잔에다 차를 따르고 케이크를 자르는 동안 두 처녀는 하인들 눈에 비치는 자신들의 행동거지에 신경을 쓴다. 분까지 삭이고 있다. 둘이서 한 남자와 약혼한 사실을 알게 된 두 처녀의 대화는 하인들이 나가고 나자 거칠어진다. 그러나 일단 하인들이 있는 동안은 탁자 건너편의 상대를 쏘아볼 뿐이다. 와일드는 무대 위의 자리 배치에도 신경을 써서 두 처녀가 서로 비꼬는 암투의 진행을 관객이 확실히 알 수 있도록 만든다. 시실리는 그웬돌렌이 사람들이 많은 것을 좋아하지 않아서 도시에 산다는 식의 말을 하는데, 이 말은 그러니 친구도 별로 없고 사회생활도 제대로 못한다고 비꼰 것이다. 이 말을 듣고 입술을 깨물며 발을 동동 구르는 그웬돌렌의 모습이 관객들의 눈에 그대로 들어온다. 시실리는 그런 비꼬는 말조차 '교양 있게' 하도록 교육을 받았다. 그웬돌렌 역시 감정을 드러내는데 관객석 쪽을 돌아보며 방백으로 '밥맛 떨어지는 계집애'라고 혼잣말을 한다.

　　하인들은 상황을 전부 알고 있지만 말은 잘 하지 않는 인물들로 부각된다. 메리먼은 인물들의 등장과 일의 진행 등을 알린다. 예를 들어 브랙넬 여사가 나타나면 헛기침을 해서 다른 사람들의 주의를 환기시키는가 하면 벌어지는 일들을 재미나게 지켜보지만 그런 기색을 표정이나 몸짓으로는 전혀 나타내지 않는다. 또 차 마시는 데 필요한 온갖 것들을 가져다 무심하게 찻상을 차린다. 테이블보를 깔고 쟁반에 담아온 찻잔을 내려놓는다. 와일드는 희곡 지시문에다 이렇게 써놓고 있다. "하인들의 존재는 긴장감을 조성한다…" 하인들 앞에서 싸워서는 안 된다는 것을 아가씨들은 잘 알고 있고, 하인들은 하인들대로 아가씨들이 자기들 앞에서는 점잖은 척한다는 것을 잘 알고 있다. 메리먼은 "늘 놓던 자리에 찻잔을 놓을깝쇼?" 라고 물어 아씨 마님인 시실리의 권위를 세워준다. 시실리는 조용하지만 단호한 목소리로 "그래요, 늘 놓던 자리에 놓아요" 라고 답한다. 아가씨가 집안의 주인이라는 것을 하인과 아씨 마님 스스로 새삼 확인하는 절차다. 상류층 사람들은 하인들이 조용하지만 절도 있게 이끌어주지 않으면 과연 혼자 힘으로 어떻게 살 수 있을는지 와일드는 묻고 있는 것 같다.

앞부분에서 나왔던 주제들이 2막 2장에서도 다시 한 번 논의된다. 종교는 또다시 형식과 체제의 문제로 묘사된다. 세례를 받고 말고는 조금도 신중하게 생각할 문제가 아니어서 잭과 앨저넌은 아무 어려움 없이 채셔블 신부가 다시 세례 받는 일에 동의하도록 만든다. 세례라는 것이 목적 달성을 위한 수단으로 이용되고 있다.

상류층 사람들이 생각하는 개혁이란 사회에 불만을 품은 자들로 하여금 자신들의 잘못된 생각을 깨달을 수 있도록 가르쳐 현실에 동조하게 만드는 것이었다. 시실리는 비판 의식 없이 사회의 기존 가치관을 그대로 받아들여 상류층 사람으로 살아가는 교육을 받고 있다. 그런 시실리가 열정을 가지고 앨저넌을 개혁하듯 바로잡아주겠다고 한다. 시실리는 앨저넌을 완벽한 어니스트로 만들려고 한다. 즉, 다른 남자들처럼 제대로 청혼을 하고, 자기가 돈 걱정 하지 않고 살 수 있도록 해주고, 도시의 독신 생활을 접음으로써 유혹에 노출될 필요가 없는 남자로 탈바꿈시키려는 것이다.

주제 탐색 2막 2장에서 등장인물들은 종종 그 시대의 가치관과 행동 양식을 조롱한다. 그웬돌렌은 아버지가 '집 밖에서는' 잘 알려지지 않은 사람이라는 사실을 다행스럽게 생각한다. 사실 부자들에 대해 남들이 이러쿵저러쿵 쓸데없는 소리들을 하는 것은 당사자들로서는 달갑지 않을 것이다. 그 시대의 가족 모습은 가정에 충실한 가장이 있어야 한다. 그러나 와일드가 다른 면에 대해서도 비판하듯이 그 이상적인 모습도 현실과는 전혀 다르다고 말하고 있다.

진실하게 행동하지 않고 다른 사람들을 속이는 등장인물들의 행위가 2막 2장에서도 계속된다. 그웬돌렌은 잭이 정직하고 올곧은 사람이라고 자신 있게 말한다. "그 사람은 진실과 명예 그 자체예요. 남을 속이지 못하듯이 불성실 같은 것하고는 거리가 멀죠." 물론 관객들은 그웬돌렌이 그렇게 믿는 어니스트가 그녀에게 청혼하는 첫 단계에서부터 계속 그녀를 속였다는 것을 잘 알고 있다. 앨저넌은 잭의 시골집에 찾아온 이번 여행이 지금까지 번버리라는 환자 친구를 빙자해 즐기고 다녔던 가운데서 최고였다는 것을 인정함으로써 다른 사람들을 속였다는 것을 자인하고 있다. 장난으로 시작한 일이 약혼이라는 결과를 낳았으면서도 두 사나이는 상대가 자기 집안 처녀를 속였다는 이유로 서로를 비난한다. 잭은 앨저넌이 시실리를 속였기 때문에 시실리와 결혼할 수 없다고 말한다. 반대로 앨저넌은 잭이 사촌인 그웬돌렌을 속여서 약혼했다고 나무란다. 2막 2장이 끝나갈 즈음에서는 잭이나 앨저넌 가운데 누구도 당분간은 원하는 상대와 결혼을 할 수 없을 것처럼 보인다. 더 이상 어니스트 행세는 할 수 없게 되었고, 사태를 수습하는 일만 남았다. 잭과 앨저넌의 행동은 남들 앞에서 말은 그럴듯하게 하면서도 실제로는 그렇게 행동하지 않는 사람들의 위선을 적나라하게 드러내 보이고 있다.

줄거리 어니스트는 애초부터 어니스트

그웬돌렌과 시실리는 영주 저택의 거실에 앉아 창밖으로 잭과 앨저
넌을 쳐다보며 두 사람이 거실로 들어오기를 바라고 있다. 그들이 오면
냉정하고 새침하게 대할 작정이다. 두 사나이가 들어와 왜 어니스트 행세
를 했는지 해명한다. 두 처녀는 설명을 듣고 이해는 하지만 이름이 어니
스트가 아닌 점은 여전히 문제로 남는다. 두 남자가 어니스트란 이름으로
다시 세례를 받을 작정이라는 말을 하자 두 처녀는 그들을 용서하고 포옹
한다.

메리먼이 조심스럽게 헛기침을 하고, 이어 브랙넬 여사가 들어온다.
브랙넬 여사는 이 포옹이 무슨 의미냐고 묻고 그웬돌렌은 잭과 약혼했다
는 말을 한다. 브랙넬 여사는 두 사람은 약혼한 적이 없다며 앞으로 연락
을 끊고 지내라고 하고는 앨저넌에게 번버리라는 환자 친구에 대해 묻는다.
앨저넌은 그날 오후에 자기가 번버리를 죽였다고, 번버리가 폭발했다고
말한다. 그리고는 시실리와 약혼했다는 말을 덧붙인다. 브랙넬 여사는 즉
시 잭에게 시실리가 물려받을 유산에 대해 묻는다. 유산과는 관계없이 시
실리가 현재 13만 파운드의 재산을 보유하고 있다는 사실을 알게 된 브
랙넬 여사는 시실리가 '사회적으로 정말 출중한' 규수라고 생각한다.

브랙넬 여사는 조카 앨저넌의 약혼을 허락하겠다고 하지만 그 순간
잭이 시실리의 후견인 자격으로 반대하고 나선다. 잭은 앨저넌이 거짓말

쟁이라며 그때까지 앨저넌이 했던 거짓말들을 일일이 나열한다. 또 시실리는 서른다섯 살이 되어야 후견인인 자기 허락 없이도 모든 것을 마음대로 할 수 있는 완전한 성인이 되며, 그때까지는 재산권도 행사할 수 없다고 덧붙인다. 앨저넌은 기다릴 수 있다고 하지만 시실리는 그럴 수 없다고 말한다. 잭은 잠시 생각하다가 브랙넬 여사가 그웬돌렌의 약혼을 허락하면 자기도 앨저넌과 시실리의 결혼을 승낙하겠다는 타협안을 내놓는다. 브랙넬 여사는 말도 안 된다며 그웬돌렌과 떠날 채비를 한다.

　　이때 채셔블 신부가 와서 세례식 준비가 되었다고 알린다. 잭이 이제 세례를 다시 받을 필요가 없게 되었다고 하자 채셔블 신부는 프리즘 양이 기다리고 있는 성당으로 돌아가려고 한다. 프리즘이란 이름을 들은 브랙넬 여사는 깜짝 놀라며 그 여자를 당장 찾아서 데려오라고 한다. 프리즘 양은 브랙넬 여사를 보더니 얼굴이 하얗게 질린다. 브랙넬 여사는 프리즘 양이 28년 전 브랙넬 경의 집에서 일을 했었는데, 어느 날 늘 하던 대로 조카를 유모차에 태우고 나가더니 그 길로 아기와 함께 사라져버렸다고 말한다. 브랙넬 여사는 아기가 어디에 있느냐고 다그친다. 프리즘 양은, 잠시 정신이 나가서 아기를 가방에 넣은 채 역에다 놓아두고 소설 원고를 유모차에 싣고 왔다고 설명한다. 돌이킬 수 없는 실수로 아기를 잃어버린 것을 뒤늦게 알게 된 프리즘 양은 유모차도 버리고 그 길로 도망을 쳤던 것이다. 잭이 갑자기 흥분해서 그 역이 어디냐고 묻자 그녀는 빅토리아 역의 브라이튼 선(線) 타는 곳이었다고 말한다. 잭이 갑자기 달려 나가더니 잠시 후 검정색 가죽 가방을 하나 가지고 들어온다. 프리즘 양이 아기를 넣었던 바로 그 가방이라고 하자 잭은 프리즘 양을 어머니인 줄 알고 끌어안는다. 프리즘 양은 결혼한 적이 없다며 잭의 신원과 생모에 대해서는 브랙넬 여사에게 물어보라고 한다.

   마침내 잭은 자신이 브랙넬 여사의 여동생인 멍크리프 부인의 아들이고, 앨저넌의 형이라는 사실을 알게 된다. 잭은 자신에게 실제로 엉터리 동생이 있다는 사실에 어이없어 한다. 잭은 자신의 세례명을 묻고, 브랙넬 여사는 어니스트 존이었다고 알려준다. 그러자 잭은 자신은 지금까지 진실만 말해 왔다고 주장한다. 자기는 어니스트이고, 동생이 있다는 것이다. 잭과 그웬돌렌, 앨저넌과 시실리가 포옹을 하자 덩달아 채셔블 신부와 프리즘 양도 껴안을 때 잭은 마침내 진지함의 중요성을 알았노라고 말한다.

　　1막과 2막에서 관객들의 웃음을 자아내는 주요 소재였던 결혼과 신원의 문제가 3막에서 드디어 주인공들이 모두 만족스러워하는 방식으로 결말이 난다. 그러나 와일드는 여전히 귀족들의 작태와 사회적 관습을 조롱한다. 결혼과 정절, 이성에 대한 태도, 사회의 안정 등에 대해 귀족들이 지닌 가치관과 견해를 사정없이 공격하는 것이다.

주제
탐색
　　등장인물들의 말과는 반대되는 행동을 가지고 와일드는 말은 잘하면서 행동은 제대로 하지 못하는 점을 공격하고 있다. 시실리와 그웬돌렌은 화난 모습을 보이기 위해 남자들에게 절대로 먼저 말을 하지 말자는 약속을 해놓고는 사내들이 들어오자 그웬돌렌은 먼저 이렇게 말한다. "워딩 씨, 제가 묻고 싶은 한 가지 중요한 게 있어요." 말을 할 때 보면 굉장한 신념을 가진 것 같지만 막상 행동을 보면 그렇지 않다고 와일드는 말하는 것 같다. 말보다 행동이 앞서면 사회는 그만큼 믿을 수 있게 되고 말은 무의미해진다는 점을 지적하는 것이다.

　　와일드는 실질보다 형식을 중시하는 당시 사람들의 가치관을 계속해서 비판하고 있다. 그웬돌렌은 이런 말을 한다. "정말 중요한 문제에서는 진정성보다는 치레가 훨씬 중요해요." 브랙넬 여사가 앨저넌과 시실리의 결혼과 관련해 앨저넌의 재산에 대해 말할 때도 똑같은 시각의 말이 나온다. "앨저 넌은 더 이상 뭐라고 표현할 수 없을 정도로 겉보기에 완전한 젊은이라고 말하고 싶어요. 가진 것은 없지만 겉보기에는 흠잡을 데가 없어요. 더 이상 뭘 바라겠어요?" 외양이 전부이고 실질은 하찮게 여겨지는 사회에서 앨저넌은 완벽한 신랑감이다.

주제탐색 상류층 사람들은 외양이나 형식 외에 또 어떤 것들을 고상하게 여길까? 겉으로 드러난 정절을 중요시한 것 같다. 따라서 아이들도 합법적인 부부 사이에서 태어나야 사람 대접을 받았다. 일부일처제를 진리처럼 믿고 혼외관계 같은 것은 알지도 못한다는 듯이 행동하는 그들의 위선을 와일드는 다시 한 번 조롱하고 있다. 프리즘 양을 어머니로 오인한 잭이 하는 말은 진지하지 않은 어투로 결혼이란 제도를 옹호하고, 종교인들이 입에 달고 사는 회개와 용서라는 내용을 담고 있어 웃음을 자아낸다. "정상적인 부부관계가 아니라 이거 군요! 제게는 너무나 충격적이란 사실을 부인할 수는 없습니다… 하지만, 어머니, 저는 어머니를 용서하겠습니다." 프리즘 양이 잭의 어머니가 아니라고 호들갑스럽게 부인함으로써 잭의 말은 한층 더 우스워진다. 상류층 사람들이 아내 이외의 여자들에게서 아이를 낳는 것은 조금도 이상한 일이 아니었지만 사회는 그런 아이들을 무시하고 못 본 척할 뿐 그 아버지들을 비난하지는 않았다.

상류층과 하인 사이의 신분 차별을 와일드는 메리먼과

프리즘을 통해 비판한다. 브랙넬 여사가 느닷없이 잭의 집에 나타나자 메리먼은 두 쌍의 남녀에게 그 사실을 알리기 위해 헛기침을 한다. 이들이 서로 몰래 뒤를 밟고, 어떤 것이 더 중요하다고 왈가왈부하는 장면을 지켜보며 메리먼이 속으로 어떤 생각을 하며 웃을지는 관객이나 독자의 상상에 맡길 수밖에 없다. 브랙넬 여사가 프리즘 양이라는 이름을 듣고 그 이름을 확인할 때, 불려온 프리즘 양이 옛날 자기 집 가정교사인 것을 알고서 그녀를 부를 때, 브랙넬 여사는 경칭 같은 것 없이 다짜고짜 '프리즘'이라고 부른다. 브랙넬 여사가 영지의 아씨 마님인 시실리를 대하는 태도와 하인이나 마찬가지인 가정교사 프리즘 양을 대하는 태도는 하늘과 땅 차이다. 당시에 이 연극을 보던 관객들이 당연시했던 계급차별은 그들이 사는 사회의 특성 그 자체였다.

브랙넬 여사는 사교의 시대에 해마다 발행되는 귀족 및 상류층 명부에서조차 잘못된 것이 눈에 띈다며 애석해 한다. 그러면서 곧이어 그웬돌렌에게 무슨 일이 있는지 알기 위해 그녀의 하녀에게 돈을 집어주고 그녀에 얽힌 이야기들을 들었다는 말을 아무렇지도 않게 한다. 또 귀족인 여동생네 식구들이 그네들에게 가장 소중한 재산이라고 할 수 있는 아기 잭을 아기 돌보는 일보다는 짐 가방과 소설 원고에 더 정신을 쏟는 여자에게 맡겼다는 이야기도 한다. 사교를 중요하게 생각하고, 남에게 아기를 맡기고, 자식의 뒤를 밟기 위해 뇌물을 주는 사람들의 가치관은 도대체 무엇이냐고 와일드는 묻고 있는 것 같다.

와일드는 번버리의 죽음을 통해 귀족들이 두려워하는 것에 대해 밝히는 한편, 다른 사람들의 죽음에 대해서는 무감각한 그들의 비정함을 지적하고 있다. 1885년 트라팔가 광장에서 폭동이 일어나자 지배 계층은 그 폭동이 반란과 무정부 상태, 그리고 사회주의의 등장으로 이어질까봐 겁을 냈다. 앨저넌으로 하여금 번버리가 폭발했다고 말하게 함으로써 와일드는 지배 계급의 그런 두려움을 풍자한다. 브랙넬 여사는 최악의 사태에 겁을 내면서 이렇게 소리 지른다. "번버리 씨가 혁명적인 폭동에서 희생되었다는 말이냐? 그 번버리 씨가 사회주의 운동을 하는 줄은 몰랐구나. 그렇다면 그 사람이 병들었던 것도 모두 벌을 받아서 그런 거다." 브랙넬 여사 같은 부류의 사람들이 볼 때 불운한 사람들의 복지를 위한 법률 제정은 제정신이 아닌 사람이 하는 짓이다. 그들이 생각하는 개혁이란 현상에 순응하는 것이라는 점을 와일드는 다시 한 번 지적한다.

문체 탐색 와일드는 3막에서 이름만 소개되는 랜싱 여사란 인물을 통해 은연중에 동성애의 가치를 말하고 있다. 브랙넬 여사는 시실리의 머리 모양을 좀더 세련되게 할 필요가 있다며 짧은 시일 안에 사람을 확 바꿀 수 있는 '아주 경험 많은 프랑스 하녀' 하나를 추천한다. 그런 다음 자기가 알고 지내는 랜싱 여사는 그 하녀에게 머리를 하고 나서 '세 달 뒤에는 남편조차 알아볼 수 없게' 달라졌다는 말을 덧붙인다. 이때 잭은 관객들 쪽을 보며 혼잣말로 알다(know)라는 말로 동음이의어의 말장난을 한다. 잭은 '알다'라는 말을 성관계를 갖지 않는다는 의미로 해석해서 랜싱 여사가 그 하녀를 남편보다 더 좋아한다는 뜻을 전한다. 잭은 "그리고 여섯 달 뒤에는 아무도 그 여자를 알아보지 못했지요"라고 말하는데, 동성애 경험이 그 여자를 완전히 다른 사람으로 만들었다는 의미를 전하고 있다. 관객들은 동성애를 부도덕한 것으로 생각할지 모르지만, 그것은 사회적 통념 때문이지 사실은 관객들에게 좋은 것일 수도 있다고 말하는 것이다. 결혼 후에는 누군가의 이름을 팔아서 혼자 재미를 보러 다니거나, 아니면 와일드 자신이 공공연히 동성애를 하듯이 이중적인 생활을 할 필요가 있다고 말하는 것 같다.

주제탐색 3막에서 와일드는 가족이라고 보기에는 서로 너무 무심하게 살아가는 빅토리아 시대 사람들의 이상한 가족관계에 대해서도 지적하고 있다. 예를 들어 브랙넬 여사가 앨저넌의 아버지, 즉 자기 형부의 세례명을 기억하지 못하는 것은 정말 이상하다. 앨저넌의 아버지는 앨저넌이 한 살이 되기 전에 세상을 떠났다. 앨저넌이 아버지 이름을 기억하지 못하는 이유를 "우리는 서로 말 한 마디 해보지 못했다"고 하는 것도 참으로 이상하다. 이상한 가족관계에 대한 와일드의 비난

은 계속된다. 브랙넬 여사는 멍크리프 경을 '괴상한' 사람이라고 하면서 '인도의 기후, 결혼생활, 소화불량, 그리고 그 비슷한 이유들' 때문이라고 말한다. 결혼생활이 소화불량 같은 것과 한 부류가 되어버리는 것이다. 그녀는 멍크리프 경의 결혼생활에 대해 설명하면서 형부가 '가정생활을 빼고는 아주 평화로운 사람이었다'고 말한다. 빅토리아 시대 사람들의 가정생활과 가정의 행복이라는 면에서 와일드는 결코 후한 점수를 주지 않는다.

　　프리즘 양이 촉매가 되어 잭의 신원에 대해 실소할 만한 내용이 밝혀진다. 와일드는 근본도 알 수 없던 주인공을 갑자기 사회의 가장 안정된 계층에 속하는 사람으로 둔갑시킨다. 비천했던 고아가 결국 잘 풀리게 되는 빅토리아 시대에 유행하던 문학적 공식을 좀더 과장해 짐 가방에서 주운 아이가 귀족이 되는 것이다. 잭이 멍크리프란 귀족의 후손이라는 사실이 밝혀지는 순간 잭은 그웬돌렌과 결혼하기에 부족함 없는 신랑감이 된다.

인물탐색 잭의 입을 통해 나오는 이 극의 끝맺음 말은 당시의 소극에서 흔히 등장하는 형식의 마지막 대사다. 결과적으로는 자신의 이름이 어니스트이며 동생이 있다는 진실만을 말했던 것을 깨달은 잭은 성실함과 정직함에 대한 빅토리아 시대 사람들의 견해를 조롱하는 투로 그웬돌렌에게 '진실밖에 말할 줄 모르는 것'을 용서해 달라고 한다. 잭은 이제 자기에게서 마땅히 드러나야 할 모습을 지닌 사람이 되는 일의 중요성을 깨닫고 있다. 어쩌면 와일드는 그 시대 사람들이 치켜세우던 미덕으로써의 진실함과는 다른 의미의 진실함에 대해 이야기하는 것인지도 모른다. 남을 속이고 위선적이며 가식적으로 사는 대신, 정직하게 살면서도 인생에서 어떤 것이 정말 중요한지 깨달을 수 있을지도 모른다. 잭의 마지막 대사를 진지함에 대한 빅토리아 시대 사람들의 견해에 던지는 야유라고 보는 사람들도 있다. 즉, 거짓말을 밥 먹듯 하고, 쾌락과 아름다운 것만 좇는 당시 사람들에 대한 비난으로 간주하는 것이다.

문체탐색 3막에서는 와일드가 의도하는 것이 무대 배치의 조정을 통해 정확히 전달되도록 배려했다는 사실을 알 수 있다. 와일드는 두 사람이 한자리에 모였다 다시 떨어질 때 반드시 동시에 움직이도록 하고 있다. 말을 할 때도 제창하듯이 두 사람이 함께 하는 장면들이 있다. 처녀들 둘이 하기도 하고, 남자들 둘이 하기도 하는데, 남녀의 구별은 중요하지 않다. 어차피 번갈아가며 하도록 되어 있다. 와일드는 결혼이란 것도 세례식과 마찬가지로 형식적인 제도에 불과하다고 본다. 두 사람이 제창하듯 말하는 것은 현실에서는 찾아보기 어렵다. 3막에서만 특이한 형식이란 인상을 준다. 빅토리아 시대의 결혼에서는 중요하지 않은 이름만이 중요하게 고려된다고 생각하는 와일드의 의중이 드러나 있다.

결과적으로 와일드는 관객들에게 그들이 중요하다고 생각하는 하찮은 사회적 관념들에 대해 다시 생각하도록 만든다. 그들이 미덕이라고 생각하는 것들도 다시 정의를 내려야 할지 모른다. 결혼, 종교, 가족, 돈에 대해서도 새로운 해석이 필요할지 모른다. 한 사람의 가치를 따질 때 이름이나 재산보다는 그 사람의 성격 자체를 더 중요하게 생각해야 한다. 와일드는 이와 같은 여러 주제들을 하나로 묶어 폭소를 자아내면서 관객들에게 '진지함의 중요성'을 일깨우고 있다.

인물분석 노트

o 존(잭) 워딩

와일드의 희곡에 등장하는 다른 주인공들과 마찬가지로 잭 워딩은 현실성이 약하지만 어떤 관념들이나 태도를 대변하는 인물이다. 와일드는 관객들이 척 보고 알 수 있는 상류층 인물로 잭을 내세워 빅토리아 시대의 구애와 청혼에 관련된 격식들을 파헤친다. 작가의 분신이라고 할 수 있는 잭은 겉으로는(시골에서는) 존중받을 만한 삶을 살지만 속으로는 남의 눈을 속이고(도시에서는) 쾌락을 좇는다. 잭의 성(姓)인 워딩(Worthing)은 '가치'라는 뜻의 worthiness와 관계가 있는데, 이 단어로 와일드는 빅토리아 시대의 깍듯한 예절을 풍자하고 있다.

잭은 모두가 인정하는 빅토리아 시대 상류층 사람이지만 사실 자신을 주워다 기른 양아버지의 재산 덕에 남들로부터 존중받는다. 그리고 그 지위 덕분에 점잖은 사람들의 행동거지도 익힐 수 있었다. 하찮은 주제들에 대해 해학적인 말들을 쏟아내는 능력이나 진실이라고 여겨지는 것에 정반대되는 이야기를 할 줄 아는 것도 모두 지위 덕분이다. 따라서 브랙넬 여사가 자기 딸과 결혼할 만한 자격이 되느냐고 물을 때 당연히 그것이 가문 이야기를 하는 것인 줄 안다. 재산뿐만 아니라 내세울 만한 부모가 있어야 한다는 사실도 잘 안다.

구혼하고 청혼하는 절차나 격식 등에 대해 이야기할 때

잭의 역할은 특히 중요하다. 잭은 앨저넌의 농담을 그대로 받아치는 역할을 하지만 때때로 재치 넘치는 말들을 쏟아내기도 한다. 존중받을 만한 자질은 잭의 성격에서 중요한 역할을 한다. 잭이 비록 도시에서는 남의 눈을 속이는 생활을 하지만 시골에서는 모범적으로 살아간다. 그리고 앨저넌보다는 더 빅토리아 시대의 진지함이나 의무에 동조한다. 그러나 도시에서는 사람들을 속이기 때문에 동성애자들과 쾌락을 좇는 기만적인 삶을 사는 와일드의 상징이라고 할 수 있다. 잭은 그웬돌렌과 결혼하기에 합당한 자격을 얻고 싶어하며, 필요하면 무엇이든 하려고 한다. 잭이 비록 이따금 당시 사람들의 태도를 꼬집기는 해도 전반적으로는 상류층 사람의 분위기를 그대로 드러내고 있다. 그렇지만 와일드는 잭을 농담을 즐길 줄 아는 인물로 묘사해 지배 계층 사람이라는 인상을 누그러뜨리고 있다. 잭이 어니스트가 죽었다며 상복을 입고 나타나거나 프랑스 하녀에 대한 이야기를 하는 장면에서 드러나는 인상은 비록 잭이 남들로부터 존중받고 싶어하기는 해도 하찮은 것에 집착하는 빅토리아 시대 사람들의 태도에 맞서거나 그들을 웃음거리로 만드는 재치를 가진 사람이라는 것이다.

○ 앨저넌(앨지) 멍크리프

앨저넌 멍크리프는 런던 번화가에서 독신으로 사는 부유층 사람이다. 잭보다 나이가 적은 그는 책임감도 덜하고 언제나 경솔하고 무례하다. 재치가 넘치고 아름다움을 중요하게 생각한다. 잭과 마찬가지로 가식적인 삶을 사는 남성을 상징하는 인물로 그려진다. 그러나 잭과는 달리 아주 이기적이다. 와일드는 앨저넌을 통해 사회적 억압과 죄의식 등에 대해 생각해 보는 계기를 마련하고 있다.

브랙넬 여사와 마찬가지로 말솜씨가 좋은 앨저넌은 기발하고 화려한 언변으로 당시 사회를 깔보는 태도를 드러낸다. 브랙넬 여사의 파티 음악 준비로 상의를 하면서 그는 이런 말을 한다. "정말이지 음악 준비는 어렵습니다. 이모님도 아시겠지만 연주가 좋으면 사람들은 음악에는 조금도 귀를 기울이지 않고 떠들기만 해요. 그렇지만 연주가 시원치 않으면 이야기도 안 하고 음악에만 귀를 기울이죠." 이 한 마디에서 앨저넌의 재치와 지혜가 그대로 드러난다. 앨저넌은 이따금 자신의 우스개에 대해서 "정말 재미있고 멋있는 말이야"라는 식으로 자화자찬하기도 한다. 이따금 무대에서 멋들어진 동작으로 움직이거나 자세를 취하는데, 그것은 자신의 재기발랄함에 스스로 감탄하는 것 이외에는 별로 할일이 없는 유미주의자의 나태함과 무료함을 세련되게 드러내는 태도다. 결국 앨저넌은 1890년대 유미주의에 대한 와일드의 견해와 명석함을 그대로 반영한 인물이라고 볼 수도 있다.

와일드가 주위 사람들을 속이고 이중생활을 하는 것처럼 앨저넌 역시 그렇다. 앨저넌은 이따금 탈선하는 재미가 없다면 지루하기만 할 영국의 빅토리아 시대에 사는 인물로서 자기에게 맡겨진 일들에서 벗어나기 위해 가공의 환자 친구를 구실로 삼는다. 앨저넌은 이렇게 말한다. "번버리 같은 가공인물을 만들어 재미 볼 줄 모르고 결혼하는 사내는 따분한 결혼생활을 하는 거야." 이 말은 와일드의 삶의 일면을 드러내는데, 그의 이중적인 생활은 런던에서 이 극이 공연될 무렵 이미 많은 사람들에게 알려져 있었다. 결혼을 우습게 알고 은밀한 사생활을 하는 앨저넌의 성향은 결국 사회의 인습을 아무렇지도 않게 깨뜨리는 와일드의 성격을 대변하는 것이다.

앨저넌은 결국 실체보다 겉치레를 중시하는 질식시킬 듯한 도덕적 억압과 죄의식에서 벗어나려면 어느 정도로 현실이 달라져야 하는지를 보여주는 인물이다. 앨저넌이 끝없이 먹는 것 이야기를 하고, 오이 샌드위치, 머핀, 손에 잡히는 음식을 닥치는 대로 먹어치우는 것은, 사실 점잖은 척하는 사람들이 혐오하듯이 말하고 행동하는 자기애, 정욕, 감각적 쾌락 등이 그렇게 소홀하게 다룰 대상이 아니라는 말을 하는 것이다. 채셔블 신부로 대변되는 교회와 프리즘 양으로 대변되는 당시의 교육이 사람들을 경직되고 편협하게 만들려고 하지만, 인간 본성은 그런 억압을 거부하고 의지에 따라 움직인다는 말을 하고 있는 것으로 보인다. 앨저넌은 인습을 타파하는 데서 쾌감을 느끼는 거칠고 반항적인 젊은이들을 상징한다.

ㅇ 오거스터 브랙넬 여사

관객에게 가장 강한 인상을 주는 동시에 이 극에서 큰 영향을 미치는 인물이 바로 오거스터 브랙넬 여사다. 이름에 붙는 경칭이나 행동거지 등을 통해 관객들 대부분은 브랙넬 여사와 어떤 일체감을 느꼈을 것이다. 와일드는 브랙넬 여사를 통해 갈등을 유발하고, 그녀를 풍자함으로써 웃음을 자아낸다. 이 극이 희극으로 끝나기 위해서는 브랙넬 여사의 반대와 방해가 어떻게든 처리되고 해결되어야 한다.

빅토리아 시대 사람들이 생각하는 성실함과 그로 인해 야기되는 인간의 고통을 브랙넬 여사는 극 전체에 걸쳐 누구보다도 확실하게 드러내 보여준다. 브랙넬 여사는 지배 계층에 속하며, 오만하고, 지독하게 무자비하고, 보수적이고, 격식을 따지는 인물이다. 와일드는 브랙넬 여사를 통해 당시 상류층 사람들의 부정적인 모습, 이를테면 보수적이고, 강압적이며, 권위적인 실상을 여러 각도로 보여주고 있다.

브랙넬 여사의 의견, 그리고 틀에 박힌 말과 행동은 그 안에 어떤 의도들이 감춰져 있다는 것을 알린다. 브랙넬 여사 역시 다른 등장인물들과 마찬가지로 끝없이 재치 있는 말의 향연을 벌인다. 현재는 귀족 마나님이지만 원래부터 귀족은 아니었다. 귀족과 결혼하려고 무진 애를 써서 결국 사회적 신분 상승에 성공한 인물이다. 전에는 하층민이었지만 이제는 귀족이 되어 옛날은 까맣게 잊고 귀족 세계의 정의를 부르짖는다. 브랙넬 여사라는 귀족 마님으로서 사회와 결혼, 종교, 돈, 질병, 죽음, 존중받을 만한 처신 등에 대해 귀족들의 대변인 역할을 한다. 와일드는 브랙넬 여사를 통해 이런 문제들에 대한 상류층 사람들의 견해를 풍자하고 있다.

　　사회적 신분 상승에 성공한 무자비한 인물로서, 그리고 이제 현재 상태를 유지하려는 대변인으로서 브랙넬 여사는 사회적 차별을 더욱 공고히 하고, 상류층에 속하지 않는 사람들을 철저히 소외시키는 행동을 한다. 딸이 마땅한 신랑감이라고 인정할 수 없는 사내와 결혼하려고 하자 온갖 수단을 써서 방해하는 데서 그런 모습이 역력히 드러난다. 브랙넬 여사는 결혼을 재산과 사회적 안정을 위한 거래로 본다. 사랑이나 연애 감정 같은 것은 고려의 대상이 아니다. 그러면서도 자기 주장마저 내키는 대로 그때그때 마구 바꾼다. 잭은 브랙넬 여사의 예상치 못한 까다로운 시험에 통과해야 괜찮은 신랑감 후보가 될 수 있다. 브랙넬 여사는 잭의 부모 문제에 대해 '정확하지만' 무자비하고 비도덕적인 조언을 한다. "워딩 씨, 내가 절대적으로 권하는데 최대한 빨리 어떤 사람하고 부모의 인연을 맺어요. 무슨 수를 쓰든 이 계절이 가기 전에 아버지가 되었든 어머니가 되었든 한 사람만이라도 만들어봐요." 잭이 어떤 식으로 누구와 부모 자식의 인연을 맺든 그것은 알 바 아니다. 신랑감이 되자면 무조건 해내야 하는 일이다.

브랙넬 여사는 등장인물 누구에게나 권위를 내세우고 영향력을 행사한다. 잭과 그웬돌렌, 앨저넌과 시실리의 결혼에 대해 브랙넬 여사가 좋다고 또는 안 된다고 내리는 판단이 이 극의 전개에 갈등 구조를 마련한다. 딸 그웬돌렌에게 이렇게 말한다. "지금 무슨 소릴 하고 있는 거니? 너는 약혼한 적 없어. 네가 약혼을 하게 된다면 그것은 나나 네 아버지가, 물론 네 아버지 건강이 허락할 때라야 하겠지만, 그런 일이 있다고 알려줄 때뿐이야." 약혼이란 것도 부모가 알아서 진행하고, 결정하고, 끝내는 것이다. 브랙넬 여사는 잭과 시실리를 심문하듯 조사하고, 뇌물로 그웬돌렌의 하녀에게서 그녀의 행방을 알아내고, 채셔블 신부와 프리즘을 함부로 대한다.

브랙넬 여사가 신분제도에 대해 하는 말을 통해 와일드는 영국의 특권 계층이 어떻게 권력을 유지하고 있는지 밝힌다. 브랙넬 여사는 중류층과 하류층 사람들은 생각할 줄 알거나 의문을 품을 줄 알도록 교육시켜서는 안 된다고 철저히 믿는 인물이다. 그랬다가는 무정부 상태가 초래되거나 상류층 사람들의 특권이 사라질 가능성이 있기 때문이다.

와일드는 상류층 사람들에게 묻고 싶은 바를 브랙넬 여사라는 인상적인 인물을 창조해 풍자적으로 질문하고 있다.

○ 그웬돌렌 페어팩스와 시실리 카듀

와일드는 세기가 바뀌는 시기에 즈음해서 새로운 여성

상에 대해 생각해 보고 논하기 위해 그웬돌렌 페어팩스와 시실리 카듀라는 두 처녀를 등장시키고 있다. 신기할 정도로 닮은 데가 많은 두 아가씨지만 나름대로의 개성을 지니고 있다.

두 처녀 모두 똑똑한데다 자기가 원하는 바를 주도적으로 끈기 있게 달성하려고 한다. 그웬돌렌은 잭을 만나려고 시골까지 내려오는데 이전의 그웬돌렌에게서는 볼 수 없던 행동이다. 시실리는 앨저넌을 처음 본 순간부터 앨저넌의 뒤를 따라다닌다. 둘 다 자기들의 감시자보다 한 수 높은 지략을 써서 연애를 한다. 그웬돌렌은 독재자 같은 어머니의 감시를 벗어나 시골까지 내려온다. 시실리는 앨저넌을 쫓아 보내려는 잭을 구워삶아 그가 남아 있게 만들고, 가정교사인 프리즘 양의 눈을 피해 앨저넌과 만난다. 앨저넌과 처음 만났을 때 그가 어린아이 대하듯 하자 빈틈없는 말로 자신에 대해 새롭게 인식시킨다.

두 처녀에게는 외양과 형식이 중요하다. 그웬돌렌에게 청혼하는 사람은 격식에 맞게 완벽한 청혼을 해야 한다. 또 그웬돌렌은 이름이 어니스트인 사람하고만 결혼을 해야 한다고 생각하는데, 그 이름이 드러내는 의미가 중요하다고 여기기 때문이다. 시실리 또한 외양과 형식을 가치 있게 생각한다. 시실리는 나쁜 남자를 만나본 적이 없으면서도 잭 아저씨의 동생인 어니스트가 나쁜 남자일 것이라고 생각하며, 나쁜 남자에게는 낭만적인 면이 있을 것이라고 믿는다. 시실리는 들떠서 잭 아저씨의 '나쁜 동생'을 용감하게 따라다니지만 그 나쁜 남자를 정확하고 온전한 외양을 지닌 남자로 개조시키려는 생각을 하고 있다. 시실리 역시 남편감에게는 어니스트라는 존중할 만한 이름이 어울린다고 생각한다. 두 처녀에게는 나름대로의 차이점이 있지만 어떤 사람이 뭔가를 할 때 행동의 근본적인 이유보다는 어떻게 하는가라는 형식을 더 중시하는 시대에 산다는 면에서는 완전히 똑같다.

시실리와 그웬돌렌은 성장 환경이나 성격 면에서는 적잖은 차이를 보인다. 그웬돌렌은 자신감이 넘치고 세속적이며 런던이라는 대도시의 저택에서 산다. 그녀는 근시라서 사물을 볼 때 손잡이 달린 안경을 눈에 갖다 대어야 제대로 볼 수 있다. 그녀의 어머니는 딸이 세상을 이해할 때도 그처럼 근시안적으로 보도록 가르쳤다. 그웬돌렌은 또 이 극에서 유일하게 등장하는 전통적인 상류층 가정에서 자랐다. 반면, 시실리는 세련미라는 면에서는 부족함이 많은 시골의 자연에서 어머니 없이 엄격한 가정교사와 후견인의 인도 아래 성장했다.

와일드는 그웬돌렌을 통해 청혼과 결혼, 삶의 모순 등에 대해 논한다. 그웬돌렌은 하찮은 것들에 대해 무슨 대단한 의견을 가진 것처럼 말하거나 어떤 말을 해놓고 채 1분도 되지 않아 정반대되는 소리를 하고는 한다. 와일드는 이런 그웬돌렌을 이용해 관객의 웃음을 자아내는 한편, 사람들이 중요하게 생각하는 것들의 공허함을 지적하고 있다. 그런가 하면 시실리를 통해서는 따분하고 지겨운 교육제도, 돈과 사회적 안정, 감정의 자제 등에 대한 가치관에 이의를 제기한다. 그웬돌렌에 비해 더 보호를 받으며 자란 시실리는 아직도 그 따분한 교육을 더 받도록 되어 있고, 그렇게 해서 제대로 된 결혼을 하도록 이끌려가고 있다.

두 처녀 모두 자기 짝들과 천생연분처럼 보인다. 그웬돌렌은 잭과 마찬가지로 직선적이며 실없는 것을 싫어한다. 그녀는 외양을 중시하고, 상류층의 오만함을 갖추고, 빈틈없는 행동을 존중하고, 하찮은 것들에 대해 지겹도록 토론할 언변도 있다. 잭은 실용적인 성격에 자신의 책무를 진지하게 받아들인다. 농담을 즐길 줄 알지만, 특히 시골에서 자기에게 거는 기대를 저버려서는 안 된다는 것을 잘 알고 거기에 걸맞게 행동한다. 시실리와 앨저넌은 감정에 이끌리고 순간적인 만족을 추구한다. 잭이나 그웬돌렌에 비해 감정적이기 때문에 다른 사람에게 앙갚음을 하기도 하고, 원하는 것을 쫓되 결과에 대해서는 생각해 보지 않는다. 누구랄 것도 없이 말장난을 즐기는 이 두 쌍의 남녀는 정말 하늘이 맺어준 인연이다.

극의 전반에 걸쳐 빅토리아 시대 사람들이 구혼과 결혼에 대해 갖고 있는 생각을 풍자한 와일드는 극의 끝부분에서 여자 주인공들을 통해 마지막 웃음을 이끌어낸다. 현실적으로 볼 때 여자는 늘 남자들의 간계에 속고 결혼과 재산권이라는 면에서도 약자 신세지만, 두 처녀는 강인한 성격으로 삶을 스스로 끌고 간다. 와일드는 이 처녀들을 브랙넬 여사 같은 무자비한 면은 없지만 남자들에게는 부족한 힘과 실질적인 지혜를 갖춘 인물로 그려내고 있다.

○ 채셔블 신부와 프리즘 양

와일드는 우스꽝스러우면서도 어딘가 기묘한 분위기를 자아내고, 주연들에 비해 인물의 성격이 덜 적나라하게 나타나는 이들을 통해 종교와 도덕을 언급하고 있다.

채셔블 신부는 은유적인 말을 즐기는 지식인이다. 종종 교회법을 들먹이고 성직자다운 조언을 하는 '전형적인' 시골 신부로, 교구민들의 영혼을 돌보아야 하는 본연의 일을 건성으로 해치우다 보니 세례도 습관적으로 베풀고, 똑같은 주제를 가지고 서로 다른 전례에 맞춰 설교를 한다. 이따금 가면이 벗겨지고 본모습이 드러날 때면 프리즘 양에 대한 정욕을 그대로 내비친다. 별 생각 없이 판에 박힌 듯 도덕적인 이야기를 쏟아놓는 그를 통해 종교와 근엄함을 풍자하고 있다.

프리즘 양은 문학에 조예가 깊은 지식인으로, 문예 창작에 열중하는 '과거가 있는 여자'다. 감각적인 연애소설 작가가 꿈이었지만 먹고 살기 위해 시실리의 감시인 겸 공부와 덕성을 가르치는 가정교사 노릇을 한다. 채셔블 신부와 마찬가지로 늘 도덕적 판단을 내린다. "사람은 심은 대로 거둔다"는 말을 즐겨하는데 어니스트가 죽었다는 말을 들었을 때조차 이 말을 들먹인다. 이 말을 통해 와일드는 빅토리아 시대의 종교와 덕성에 대한 가치관이 틀에 박힌 헛소리라고 지적하고 있다. 그녀는 귀족에 의탁해 사는 사람으로서 사회적 현상을 유지시키려는 따분하고 의미 없는 것들을 시실리에게 가르치며, 그런 겉모습 뒤로는 쾌락주의자의 본성을 감추고 있다. 가끔 자기도 모르게 외양을 중시하는 그 시대의 가치관과 상반되는 이야기를 한다. 채셔블 신부를 줄기차게 쫓아다니며, 신부를 자꾸 결혼이라는 화제로 끌어들이는 그녀는 결국 채셔블 신부의 품에 안긴다.

프리즘 양에게는 감춰진 전력이 있는 만큼 잭의 진짜 신분을 밝히는 역할을 하기에 가장 적합한 인물이다. 와일드는 프리즘 양을 통해 경직된 사회 구조와 엄격한 도덕적 기준으로 인해 한 사람의 꿈이 실현될 수 없을 때 어떤 일이 일어날 수 있는지를 말하고 있다. 자신들이 진정 원하는 대로 살 여건이 안 되는 사회 속에서 프리즘 양이나 채셔블 신부 같은 사람들은 결국 체제의 노예가 되어 현상을 유지하는 식으로 살 수밖에 없다.

마무리 노트

책임감과 존중받을 만한 처신

　　빅토리아 시대의 귀족들은 책임 완수와 존중받을 만한 처신을 무엇보다 중시했다. 따라서 어떤 것을 제대로 하려는 진지한 자세와 결의가 담긴 성실함이 모든 행동에서 가장 윗자리를 차지했지만 과시 노력 때문에 결국 외양이 전부가 되고 형식이 실질보다 중요해졌다. 그러다 보니 겉보기에만 점잖다면 그 사람이 본부인을 놓아둔 채 다른 여자들과 관계를 맺고 아이까지 낳는다 해도 문제 삼는 사람이 없었다. 바로 이런 이유에서 와일드는 빅토리아 시대가 하찮은 외양에 집착하느라고 보다 중요하고 본질적인 것을 무시하고 있지는 않느냐고 묻고 있는 것이다. 그런 사고방식을 가진 대표적인 사람이 그웬돌렌이다. 그웬돌렌에게 청혼하려면 격식에 맞춰야 한다. 그웬돌렌의 오빠는 청혼 연습까지 한다. 그런 사고방식을 가진 귀족 그웬돌렌의 입에서는 "정말 중요한 문제에서는 성실성보다는 형식이 중요해요"라는 말이 나온다. 진실한 것은 무시되고 하찮은 것이 중요해진다.

　　당대의 상류층 사람들에게는 예절과 외양이 전부라는 와일드의 주장은 2막의 차 마시는 장면에서 포복절도할 정도로 적나라하게 드러난다. 예절을 지키는 가운데 벌어지는 암투는 정말이지 재미있다. 서로가 어니스트와 약혼했다고 생각하는 두 처녀는 하인들이 지켜보는 가운데 차를 마시며 전쟁을 치른다. 그웬돌렌이 자기 차에는 설탕을 넣지 말라고 말했지만 시실리는 네 덩어리나 넣고, 버터 바른 빵을 달라고 하지만 일부러 큰 케이크 조각 하나를 건넨다. 그웬돌렌은 관객석을 돌아보며 방백으로 "밥맛 떨어지는 계집애!"라고 말한다. 시실리가 잭과 한집에서 산다는 사실을 알고 그웬돌렌은 왠지 소름이 끼치는데도 잭과 시실리의 관계를 겉으로는 대수롭지 않게 물어본다. 귀족들이 예절에 집착한다는 사실, 그러니까 속으로야 어떻든 겉으로만 괜찮으면 그만이라는 사고방식을 와일드는 되풀이해서 지적하는 것이다.

동정심의 결여

당시 상류층 사람들은 다른 사람들의 질병과 죽음에 대해 동정심을 보일 줄 몰랐다. 브랙넬 여사는 번버리가 더 이상 살 수 없다는 의사의 말을 듣고 난 후 세상을 떠났다는 이야기에 의사의 진단대로 죽은 것은 올바른 처신이라고 생각한다. "남들이 어떤 병에 걸렸다면 나는 병에 걸렸다는 그 사실 자체를 도저히 이해해 줄 수 없다. 건강을 지키는 것은 인생에서 첫째가는 의무다." 다른 귀족들도 그렇지만 그녀는 너무 바빠서 다른 사람들에게 동정심을 가질 틈이 없다. 자기 삶도 바쁘고, 딸의 결혼 문제에도 신경 써야 하고, 다른 사람에게 동정심을 느낀 조카의 실수를 나무라고 바로잡아주느라고 남들에게 동정심이나 자비심을 보일 여유가 없는 것이다. 그런 어머니 밑에서 자란 그웬돌렌은 자기중심적이고 자신이 원하는 것은 확실하게 챙긴다. 그웬돌렌은 시실리에게 이렇게 말한다. "여행할 땐 일기장을 꼭 가지고 다녀요. 기차에서는 뭔가 선정적인 것을 읽어야 해요." 자기들보다 박복한 사람들의 고난에는 연민의 정을 느끼지 않고 그저 자기들 생각만 하는 계층을 와일드는 심하게 나무라고 있는 것 같다.

종교

종교 또한 풍자의 대상이 되는 중요한 주제다. 이승에서 사는 사람들로서는 저승에 대해 관심을 갖는 것이 어쩌면 당연할 텐데 당시 사람들은 아예 젖혀두고 사는 것 같다. 채셔블 신부는 당시의 종교적 관념을 상징하는 인물로 제시되는데, 와일드는 그를 통해 사람들이 신앙심이 없다는 사실을 보여준다. 채셔블 신부는 한 번 세례 받은 사람에게 다시 세례를 주고, 혼배 미사와 별세 미사에서 판에 박힌 내용으로 똑같은 주제의 설교를 한다. 브랙넬 여사조차 세례는 시간만 잡아먹고 귀한 돈을 낭비하는 예식이라고 말한다. 겉보기에는 경건한 채셔블 신부가 자기도 모르게 프리즘 양에게 연정을 드러낸다. "제가 프리즘 양의 학생이라면 얼마나 좋겠습니까? 그러면 그 입술에 매달려 있을 텐데요." 그리고는 뭔가 잘못되었다는 것을 깨닫고 얼른 다른 은유로 얼버무리려 하지만 여전히 프리즘 양에게 쏠리는 마음이 그대로 드러난다. 와일드가 자만에 빠진 사회를 웃으며 넌지시 꾸짖고 있다고 하겠다.

대중문화

와일드는 프랑스와 문학 평론, 그리고 책에 대한 일반인들의 생각 또한 풍자의 대상으로 삼고 있다. 당시 사람들은 프랑스라는 나라는 기껏해야 동성애자 하녀 같은 것 빼고는(이것은 와일드의 생각) 내세울 것이 없는 나라로 생각한다고 그는 주장하고 있다. 아니면 어니스트가 죽고 묻히기에나 적당한 곳이다. 경건하기만 한 것 같은 채셔블 신부는 문학 평론에 대해 이렇게 말한다. "아무리 보아도 온전한 마음가짐을 가진 사람들 생각은 아닙니다. 문학 평론은 대학을 못 다닌 사람들을 위한 것이죠. 일간 신문에나 딱 어울립니다." 당시의 책들은 결코 순수하지도 단순하지도 않은 사실들로 가득 차 있었으며, 수치스러운 내용들이 담긴 책은 읽기는 읽되 남몰래 읽어야 했다. 와일드는 진실보다는 외양을 중시한다고 다시 한 번 꼬집고, 일반인들의 생각, 편견, 편협함, 사려 부족, 억측 등을 공박하고 있다.

은밀한 사생활

당시의 규범이 너무나 억압적이고 질식할 정도였기 때문에 와일드는 은밀한 사생활을 하거나 그릇된 인상을 주어서 오히려 자신의 실체를 보이는 인물들을 등장시킨 작품들을 썼다. 잭과 앨저넌은 모두 자유를 즐기려고 가공인물들을 만들어낸다. 그 가공의 인물 덕에 앨저넌은 자기가 해야 할 일들로부터 도망을 치고, 잭은 할일에서 벗어나는 것은 물론 즐거움을 찾는다. 와일드는 1막 초반에 이들의 은밀한 사생활에 대해 밝히고 그 상태는 끝까지 이어진다. 잭과 앨저넌은 결혼이 쾌락을 좇는 생활에 종지부를 찍게 되리라는 것을 짐작하고는 그 점을 솔직히 인정한다. "여보게 앨지, 이제 자네는 전처럼 그렇게 자주 시골에 내려갈 수 없을 걸세." "자네는 전처럼 그렇게 런던으로 사라지는 못된 습관을 되풀이할 수 없을 걸세." 결혼으로 인해 자유와 쾌락, 못된 짓거리는 끝나고 가장의 의무와 다른 사람의 기대에 맞게 행동하는 생활이 시작된다. 물론 잭과 앨저넌은 결혼하고 나서도 가면을 쓴 생활을 계속할 수는 있겠지만 남들에게 들키지 않도록 조심해야 할 것이다.

정욕과 도덕

더 넓은 세상은 당대 사람들의 예의나 외양 중시와 무

관하게 돌아가고 있다는 와일드의 생각은 시실리의 처녀다운 감상을 통해 전해진다. 잭 아저씨의 '못된' 동생 어니스트를 무척이나 만나보고 싶어했던 시실리는 앨저넌에게 이렇게 말한다. "겉으로는 나쁜 사람인 척하면서 사실은 언제나 착한 사람인 이중인격자가 아니었으면 좋겠어요." 규율이나 점잖음에서 벗어나 사는 사람을 만난다는 것은 시실리 같은 순진한 처녀에게는 가슴 설레는 일이다. 자신의 의무를 게을리 하는 앨저넌이 은밀한 사생활을 즐기려고 어니스트라는 이름을 쓰는 것 자체가 기묘하다.

　　여러 등장인물이 정욕이나 성, 도덕에 대한 느슨한 태도를 내비친다. 채서블 신부와 프리즘 양은 시시덕거리며 말을 돌려서 성적인 이야기를 나눈다. 앨저넌은 허기를 채우기 위해 꾸역꾸역 먹어댄다. 정욕을 털어놓기에 좋은 수단인 일기와 프리즘 양의 세 권짜리 연애소설 이야기가 나온다. 이 모든 것은 숨 막힐 듯한 규율에 억눌린 인간 내면의 모습을 적나라하게 드러낸다. 멋쟁이로 자처하는 유미주의자 앨저넌이 옷을 공들여 입고, 청구서를 우습게 알고, 직업도 없으면서 의무는 게을리 하고 즐거움을 좇는 것은 하찮은 것들을 중시하는 당시 사람들의 본보기를 보이는 것이다. 일단 앨저넌이 결혼을 하고 나면 질식할 듯한 규율과 외양 중시의 흐름에 따라야 할 것이다. 등장인물들은 또 예의를 중시하는 당시의 가치관과는 다른 삶의 모습을 내보인다. 이 극에서 웃음을 자아내는 장면들 가운데 상당 부분은 외양 중시의 외적 삶과 성실을 강요하는 사회적 규정을 거스르는 내적 삶 사이의 갈등에서 비롯된다.

청혼과 결혼

오스카 와일드는 구혼과 결혼에 대한 개념은 조금도 바뀌지 않고 지속된다고 생각하고 있다. 결혼은 조심스런 선택의 과정이다. 앨저넌이 시실리와 결혼할 생각이라고 하자 브랙넬 여사는 이렇게 말한다. "내가 미리 몇 가지 물어본다고 해서 조금도 이상할 것은 없다고 생각하네." 그리고 잭에게 부모, 정치적 견해, 재산, 주소, 유산, 집안의 변호사, 법률적 장애 등에 대해 정신없이 물어볼 때 잭의 모든 답변은 두 집안이 결합하는 데 부족함이 있어서는 안 된다. 재산은 특히 중요하다. 잭과 시실리의 재산 정도는 합격점을 받을 수준이므로 그 다음에는 가문이 중요한 문제가 된다. 잭의 부모가 누구인지 모르기 때문에 브랙넬 여사는 누구라도 좋으니 괜찮은 집안의 부모를 한 사람 빨리 모시라고 권한다. 다시 한 번 겉치레가 세상의 전부가 되는 것이다. 결혼에서 기쁨, 사랑, 열정 같은 것은 문제가 되지 않는다. 의무가 중요하다. 결혼은 사랑이 없는 의무라는 뜻에서 앨저넌은 이렇게 말한다. "번버리 같은 가공인물을 만들어 재미 볼 줄 모르고 결혼하는 사내는 따분한 결혼생활을 하는 거야." 결혼이란 두 사람의 성장 환경, 사랑, 행복 같은 것은 따질 필요 없이 재산 정도가 비슷한 두 집안이 법적으로 결합하는 거래에 불과하다.

신분제도의 영속화

상, 중, 하의 구분이 엄격하고 결혼도 같은 계층 사람과 하도록 되어 있는 엄격한 신분제도는 계층 사이에 가로놓인 장벽을 더욱 굳건하게 만든다. 상류층의 오만하고 귀족적인 자세 또한 한몫 거든다. 잭은 브랙넬 여사에게 특별한 정치적 소신은 없지만 아일랜드 독립에 반대하는 자유당원 비슷한면이 있다고 말한다. 그러자 브랙넬 여사는 그 말을 보수당을지지하는 보수주의자라는 뜻이라고 생각하고 흡족해 한다. 잭의 런던 집은 '덜 화려한' 벨그레이브 광장에 있다. 그것은 쉽게 '바꿀 수' 있다. 잭이 말귀를 못 알아듣고 집을 화려하게 개조하라는 뜻인지, 아예 번화한 곳으로 이사하라는 뜻인지 묻자 브랙넬 여사는 '필요하다면 둘 다'라고 대답한다. 프랑스혁명은 하층민들이 상류층에 대해 회의를 품도록 교육받았기때문에 나타난 부작용의 본보기다. 교육이란 사람으로 하여금생각할 줄 알도록 가르치기 위한 것이 아니라 아무 생각 없이관습대로 생활하도록 가르치는 것이다. 따라서 브랙넬 여사는무지도 좋은 것이라고 생각한다. "현대 교육의 이론들은 하나

같이 심각할 정도로 건전하지가 않아. 다행히 영국에서는 아직 교육의 부작용이 나타나지 않고 있어. 그랬다가는 상류층에 심각한 위협이 되고, 아마 그로스브너 광장에서 폭동이 일어날 거야." 사람이 생각할 줄 알게 되면 불만이 생기고, 불만이 생기면 혁명이 일어난다. 그것은 좋지 않은 일이다.

계층 사이의 갈등

귀족들도 사람이라면 잘못에 대해서는 뉘우치고, 도덕적으로 훌륭한 사람이 되려고 노력하리라고 생각하는 것이 어쩌면 당연하다. 그렇지만 현실적으로 볼 때 그들은 자기들의 행동이 도덕적으로 고상하다고 생각하고, 중·하류층 사람들은 상류층의 행동에 비춰 자신들의 잘못을 깨닫고 상류층처럼 행동해야 한다고 믿는다. 프리즘 양은 하류층 사람들이 아이를 너무 많이 낳아서 그 많은 아이들의 세례식 때문에 채셔블 신부를 번거롭게 만들고, 근검절약 정신이 부족하다는 투로 비난한다. "나는 하류층 사람들에게 세례에 대해 자주 이야기를 했어요. 그런데도 근검절약이 무엇인지 이해를 못 하는 것 같아요." 채셔블 신부는 귀족들이 너무 큰 부담을 느끼지 않는 한도 내에서 사회사업단체 같은 곳에 가입해 활동하는 척하는 경향에 대해 말함으로써 웃음을 자아낸다. 당시의 개혁이란 상류층이 존중하는 덕성들과 부를 영속시킴으로써 사회와 경제 체제를 현상대로 끌고 가는 것이다.

　〈진지함의 중요성〉의 한 페이지 한 페이지, 대사 한 줄 한 줄, 등장인물, 상징들, 무대 배치 하나하나는 모두 남을 배려하고 생각할 때 사회가 변할 수 있다는 와일드의 주장을 뒷받침한다. 예술은 그런 배려와 사려 깊음을 낳을 수 있다. 정확한 행동과 생각만이 용납되고 특이하거나 이상한 생각이 허용되지 않는 곳에서는 다른 사람에 대한 동정이나 공감 같은 것이 발붙일 수 없고, 엄격한 도덕 기준이 그 정당성을 의심해 볼 여유조차 주지 않고 강요되는 사회는 인간성을 거의 상실하게 된다.

Review

이 부분은 원작에 대한 이해력을 테스트하는 난입니다. 다음의 세 가지 코너를 차례로 끝내면, 〈진지함의 중요성〉에 대한 포괄적이고 의미 있는 파악이 가능해질 것입니다.

A 다음 질문에 알맞은 답을 고르시오.

1. 앨저넌이 잭의 사생활에 호기심을 갖게 된 이유는 무엇인가?
   a. 시실리라는 여자에게서 온 편지 때문에
   b. 윌리스 레스토랑 계산서 때문에
   c. 미지의 여자로부터 잭이 받은 어떤 문구가 새겨진 담배갑 때문에

2. 브랙넬 여사가 잭과 그웬돌렌의 결혼을 허락하는 이유는 무엇인가?
   a. 잭이 상세한 재산 목록을 써냈기 때문에
   b. 앨저넌과 시실리의 결혼 허락을 취소하겠다고 협박했기 때문에
   c. 첫 딸 이름을 오거스터라고 짓기로 해서

3. 잭은 자기 동생 어니스트가 어디에서 죽었다고 말했는가?
   a. 파리   b. 런던
   c. 제네바   d. 더블린

4. 앨저넌과 잭은 무엇 때문에 채셔블 신부와 시간 약속을 잡았는가?
   a. 결혼   b. 종교적 갈등
   c. 세례   d. 혼인 서약

5. 시실리는 앨저넌에게 제대로 된 약혼이 되려면 어때야 한다고 말하는가?

　　a. 후견인이 인정해야 한다고

　　b. 적어도 한 번은 파혼을 해야 한다고

　　c. 런던 타임즈에 게재되야 한다고

　　d. 현금으로 재산을 가지고 있어야 한다고

6. 시실리와 그웬돌렌이 어니스트와의 약혼 문제로 다투는 것은 언제인가?

　　a. 차 마실 때

　　b. 어니스트의 세례 때

　　c. 그리브즈비 씨의 방문 때

　　d. 채셔블 신부의 설교 때

7. 브랙넬 여사는 시실리의 어떤 점에 대해 알았을 때 시실리가 앨저넌에게 어울리는 신부감이라고 생각하는가?

　　a. 잭의 출생

　　b. 시실리가 받은 교육

　　c. 앨저넌의 최근의 탈선

　　d. 시실리의 재산

8. 잭의 출신과 부모에 얽힌 비밀은 누구의 과거를 통해 밝혀지는가?

　　a. 시실리　　　　　　　b. 프리즘 양

　　c. 채셔블 신부　　　　d. 그웬돌렌

정답: 1. c 2. b 3. a 4. c 5. b 6. a 7. d 8. b

B 원작에서 다음 인용문을 찾아, **누구의 말인지 말하시오.**

1. 번버리 같은 가공인물을 만들어 재미 볼 줄 모르고 결혼하는 사내는 따분한 결혼생활을 하는 거야.

2. 앨저넌이 어니스트란 친구가 있다는 말을 처음 했을 때 나는 내가 당신을 사랑할 팔자인 줄 알고 있었어요.

3. 어쨌든 짐 가방 속에서 태어나고 길러졌다는 것은 정상적인 가정생활을 경멸하는 것으로 보이네. 그런 태도는 프랑스 혁명으로 인한 최악의 결과를 생각나게 하는군.

4. 사람은 심은 대로 거두리.

5. 나는 약혼 기간이 긴 것은 좋지 않다고 생각하네. 그러면 결혼도 하기 전에 상대방의 성격에 대해 알게 되는데 아주 바람직하지 못한 일이거든.

6. 이제 난생 처음 진지함의 엄청난 중요성을 알게 되었습니다.

7. 여자들은 하나같이 자기 어머니처럼 돼. 그게 여자의 비극이지. 반면에 자기 어머니처럼 되는 남자는 하나도 없어. 그게 남자들의 비극이고.

8. 나는 지금까지 정말 나쁜 사람을 못 만나보았어요. 그런데 이렇게 만나고보니 좀 놀라워요.

9. 나는 절대로 잭에게 내 옷을 고르지 못하게 하지요. 넥타이 보는 안목이 전혀 없거든요.

10. 프리즘! 아기는 어디 있지?

정답: 1. 앨저넌 2. 그웬돌렌 3. 브랙넬 여사 4. 프리즘 양 5. 브랙넬 여사
6. 잭 7. 앨저넌 8. 시실리 9. 앨저넌 10. 브랙넬 여사

C 다음 주제에 관해 간단히 서술하시오.

1. 〈진지함의 중요성〉의 무대는 런던과 시골 두 곳이다. 와일드는 두 곳의 차이를 어떤 식으로 나타내고 있는가?

2. 등장인물들은 결혼에 대해 어떤 태도를 지니고 있는가?

3. 브랙넬 여사와 하인 레인과 메리먼으로 대변되는 영국의 신분 계층을 와일드는 어떤 식으로 묘사하고, 평하고 있는가?

4. 여러 등장인물이 일기와 설교, 그리고 세 권짜리 통속 연애소설에 대해 언급하는데, 이런 것들은 극중에서 어떤 효과를 내는가?

5. 브랙넬 여사의 대사에서는 귀족들의 어떤 태도가 드러나는가?

6. 극에서 갈등은 어떤 식으로 전개되는가?

7. 빅토리아 시대 사람들의 태도를 비판하기 위해 와일드는 누구나 아는 속담이나 경구들을 어떤 식으로 변형시키고 있는가?

一以貫之
논술노트

一以貫之는 '논어'에 나오는 말로 '모든 것을 하나의 이치로 꿴다'는 뜻입니다.

논술의 주제와 문제 유형, 제시문들은 참으로 다양하고 가지각색입니다. 그러나 그 모든 것을 하나로 꿸 수 있습니다. '인간사회의 보편적 문제들에 대한 근원적인 물음에 답하는 자기 나름의 견해'라는 것이지요. 논술은 인간이면 누구나 부닥치는 개인적 또는 사회적 문제들에 대한 자기 나름의 고민이자 성찰입니다. 논술은 자기견해, 자기 가치관, 자기 삶에 대한 솔직한 고백입니다.

一以貫之 논술 연구모임은 '자신의 물음'과 '자신의 생각'을 갖고 '자신의 글'을 쓸 수 있도록 도와줍니다.

〈집필진〉
김재년, 우한기, 박규현, 김법성, 김재년, 김병학, 도승활, 백일, 조형진, 우효기

진지함의 중요성 — 호모 루덴스: 유희의 인간

불가능한 도형

잠시 그림을 보자. 밑의 것은 흔히 우리가 말하는 현실이란 거다. 펜로즈의 삼각형이라고 불리는 것이다. 부분 부분을 아무리 살펴도 모순된 점을 찾을 수 없다. 하지만 전체를 보면 분명히 뭔가가 잘못되어 있다. 생각해 보자. 직육면체 세 개가 결합된 정삼각형이라니? 직육면체끼리 만나기 위해서는 90도라는 각도가 필요하다. 그럼 저 삼각형은 내각의 합이 270도가 되나? 이건 불가능하지 않나? 그런데 왜?

원근법이란 시지각(視知覺) 방법에 의존하는 우리가 보는 현실이란 것은 어쩌면 거짓된 환상은 아닐까? 저 그림에서 진실을 보여주는 것은 흔히 환상이라고 말하는 거울에 비친 상이다. 실제로 세 개의 직육면체는 정삼각형을 이루지 않는다.

어떤가? 외려 진실을 보여주는 것은 거울에 비친 환상이 아닌가? 아니라고? 거울상은 뒤에서 비친 현실일 뿐, 결국 현실이 중요한 거라고? 음… 글쎄. 어쨌든 이 그림을 잘 새겨두도록 하자. 〈진지함의 중요성〉이란 희곡을 대하는 관건이 될 것 같다.

〈진지함의 중요성〉이 초연되었을 때, 버나드 쇼는 이 연극이 실없이 웃기기만 할 뿐 감동을 주지 못한다고, 하루 저녁을 낭비했다고 비판했다. 사실 와일드는 이 작품을 극장에 팔면서, 우습고 경박한 희극에 지나지 않는다고 선전했다 .

소극이란 형식, 시종일관 경박하리만큼 유쾌한 대사. 표면적으로 이 작품은 하루 저녁 깔깔거리고 웃으며 보곤, 뒤돌아서서 잊으면 되는 연극으로 다가오기도 한다. 하지만 자신의 가장 성공적인 예술작품을 자신의 삶이라고 평가했던 오스카 와일드의 모습. 예술이 인생을 모방하는 것이 아니라 인생이 예술을 모방하는 것이라고 주장하는 오스카 와일드의 모습을 함께 떠올리면, 이 작품이야말로 오스카 와일드 희곡의 정점이 아닐까 하는 생각이 든다.

예술이 제공하는 상상과 환상의 세계를 현실보다도 우위에 두고자 했던 유미주의 작가로서 어쩌면 상상과 환상을 통해 또 다른 환상으로서의 현실을 철저히 재구성하고자 한 것은 아니었는지? 그 재구성의 전략으로 언어적 질서에 대한 전복을 선택한 것은 아니었는지? 그리고 그 과정에서 필연적 부산물인 웃음을 선택한 것은 아니었는지?

언어적 질서를 통해 규정되는 세계

이 세상의 모든 남성은 원죄의 흔적을 지니고 있다. 하느님도 심하시지, 몸에 직접 새겨놓은 형벌의 표식이라니! 이 글을 읽는 남성들은 자신의 몸을 잘 훑어보시라! 내 몸에 새겨진 형벌의 흔적이 무엇인지.

궁금한가? 그것은 다름 아닌 남성의 목젖이다. 이 얘기부터 시작하도록 하자. 목젖을 영어로는 Adam's apple이라고 한다. 아담의 사과라니? 눈치 빠른 사람들은 대충 짐작이 될 것이다. '원죄 — 아담의 사과' 바로 떠오르는 게 있지 않나? 그건 바로 선악과다. 이브가 맛있게 먹고 난 후 아담에게 권한 사과. 아담이 많은 갈등 끝에 받아들고 한 입을 베어 무는데, 기다렸다는 듯 뒤통수를 후리며 귀를 때리는 하느님의 목소리가 있었다. "아들아, 너 뭐하니?" 여러분이라면 어떻게 하겠는가? 아담은 너무 놀라 씹기도 전에 꿀꺽 삼켰던 거고, 그 결과 목에 걸려버린 사과, 그것이 바로 목젖의 정체다.

그런데 여기서 궁금해지지 않나? 아버지가 아들을 부르는데 왜 아들이 이렇듯 놀라야 하는 것일까? 그건 바로 아들이란 이름은 특정한 금기, 질서와 함께 다가오기 때문이다. 선

악과는 하느님이 창조한 세계의 질서에서 허용되지 않는 대상
이다. 적어도 하느님의 아들이라 불리는 존재는 절대로 욕망
해서도, 맛봐서도 안 되는 대상이었던 거다. 이제 슬슬 연결이
되지 않나? 아들이란 이름은 선악과를 욕망해선 안 된다는 규
정과 함께 비로소 의미 있는 것으로 이해된다.

> 君君 臣臣 父父 子子
> 임금은 임금답고 신하는 신하답고
> 아비는 아비답고 자식은 자식다워야 한다.

　논어의 한 구절이다. 모든 이름은 '~다움'이라는 규정과
함께 다가온다. 그러고 보니 결국 이름의 질서가 바로 현실의
질서가 되는 것은 아닌지. 엄마는 한 보험회사의 광고에서처
럼 "내가 아프면 안 되는데…"를 주문처럼 외우며 비가 오나
눈이 오나 그저 가족의 행복과 안녕을 위해 봉사해야 하는 존
재다. 요즘처럼 돈까지 벌 것을 요구한다면, 말 그대로 슈퍼우
먼이 되어야 하는 것이다. 이런 상황은 아빠도 그리고 우리 학
생들도 마찬가지다. 자식을 위해 끊임없이 돈을 벌어야 하는
존재로, 명문대 진학을 위해 일주일에 70-80시간의 노동을
감내해야 하는 존재로 살아가게 되는 것은 아닐까? 하느님의
천지창조 과정도 결국 언어를 통해 현실에 특정한 질서를 부
여하는 과정은 아니었는지, 그러고 보니 태초에 하느님이 천

지를 창조하실 적에 그 흔한 못질과 망치질의 흔적을 찾아볼 수 없었다. 오직 말씀이 있었을 뿐이다. 결국 말을 통해 현실에 질서를 부여하고, 그 질서에 종속되어 살아가는 존재. 그것이 인간의 정체다. 언어적 질서의 구조로 짜여진 일종의 환상, 이것이 어쩌면 현실의 정체일지도 모른다.

당대의 질서, 허구로 가득 찬

빅토리아 시대는 '제국의 영광', '팽창의 시대'로 표현된다. 이 시기의 도덕적 본질은 '점잖음'이라는 단어로 요약되고 있다. 이 점잖음이야말로 '선'이 된다. 하지만 사회적으로 강제되는 이러한 도덕률이 개인들을 얼마나 큰 가식과 편견으로 몰아넣게 되는 것일까?

브랙넬 여사: *(연필과 공책을 손에 들고)* 볼튼 공작부인과 똑같은 명단을 가지고 있다네. 그런데 그 바람직한 신랑감 명단에 자네는 올라 있지 않아. 사실, 우리는 함께 일하거든.

〈진지함의 중요성〉에서 당대의 도덕적 현실이 지니는 가식과 허구를 드러내주는 등장인물이 바로 브랙넬 여사다. 그녀는 상류 계급의 엄숙함과 진지함이 사실은 속물적인 것에 지나지 않는다는 것을 보여준다. 좋은 신랑감 후보가 적힌 수첩으로 환원되는 가치. 물론 그 가치의 이면에는 결국 돈과 지위라는 더 큰 가치가 놓여 있다. 따라서 수첩은 절대적인 것이 아니다. 돈과 지위라는 조건이 채워지면 수첩에 올라갈 기회는 열려 있다.

"정말로 자애로운 어머니가 듣고 싶어하는 답을 자네가 해준다면, 내 기꺼이 자네의 이름을 명단에 넣어주겠네."

브랙넬 여사가 보여주는 허위의식은 조카의 신부감을 고르는 장면에서도 드러난다. 그녀가 '후견인'과 '피후견인'의 관계로 살고 있는 잭과 시실리의 전원주택을 방문했을 때, 조카 앨저넌이 촌티가 물씬 풍기는 시실리와 결혼하겠다는 의사를 밝히자 못마땅해 한다. 그러나 브랙넬 여사는 재산관계를 묻다가 재산이 13만 파운드가 된다는 말에 태도를 바꾼다.

브랙넬 여사: 워딩 씨, 다만 형식적으로 카듀 양이 재산이 조금이나마 있는지 묻고 싶군.
잭: 아! 공채로 13만 파운드 있는 게 다예요. 안녕히 가세요. 브랙넬 여사. 뵙게 돼서 정말 기쁩니다.
브랙넬 여사: *(다시 앉으면서)* 워딩 씨, 잠깐. 13만 파운드라고! 게다가 공채로! 가만히 보니 카듀 양은 매우 매력적인 아가씨로군.

당대의 도덕적 이상인 자애로운 어머니는 결국 보다 풍부하고 보다 정확한 신랑감 후보에 대한 수첩제작을 통해 완성

된다.

브랙넬 여사: ⋯ 수입은 얼마나 되나?

잭: 연간 7천에서 8천 사이입니다.

브랙넬 여사: *(공책에 적는다.)* 토지에서? 아니면 투자에서?

잭: 주로 투자에서죠.

브랙넬 여사: 만족스럽군. 일생 동안 개인이 내는 세금과 죽은 후에 내는 세금을 따져보면, 토지로는 별 이익을 못 내지. 요컨대 즐거움이 되지 못한다는 말일세. 토지는 지위를 주고 그것을 유지하지 못하게 막는다네. 그게 토지에 대해 말할 수 있는 전부라네.

정체성의 추구를 통한 저항 — 멋쟁이로 살기

〈진지함의 중요성〉에서 빅토리아 시대의 도덕률은 오스카 와일드의 말놀이에 의해 곳곳에서 빈틈을 드러내고 뒤집어진다.

앨저넌: 왜 총각 집에서 일하는 하인들은 늘 샴페인을 마셔대는 거지?

레인: 그 이유는 포도주가 최상급이기 때문이죠. 자주 눈여겨봤는데 결혼한 가정에서는 일류 브랜드 샴페인을 마시는 경우가 거의 없거든요.

앨저넌: 맙소사! 결혼하면 그 정도로 타락하나?

앨저넌: 레인의 결혼관이 어째 좀 신통치 않아 보이는군. 사실, 밑에 사람이 우리한테 좋은 본보기를 보여주지 않는다면, 도대체 그들은 무엇에 써먹지? 밑에 사람이면 도덕적 책임감이 있어야 하는 것 아니야.

앨저넌: 저런! 무엇을 읽어야 하고 무엇을 읽지 말아야 하는지에 관한 엄격한 규칙이 있다고. 말도 안 돼. 현대 문화의 대부분이 읽지 말라는 책에 달려 있는데.

어떤가? 와일드는 기성의 가치에 대한 전복을 감행하고자 기존의 질서체제가 성립되지 않는 공간을 만들어낸다. 등장인물들의 대화는 비현실적이며 이성과 질서를 신봉하는 당대의 규범과는 전혀 맞지 않고 부조리한 상황을 연출한다.

이 작품은 심각하고 진지한 것들을 아주 가볍게 다룸으로써 기존의 가치질서를 철저하게 전복시킨다. 이러한 전복은 작품 속에서 네 명의 멋쟁이들에 의해 수행된다. 진정한 멋쟁이란 과연 어떤 걸까? 단순히 주어진 유행이나 사조에 자신을 맞추는 것은 철저한 속물일 뿐 진짜 멋쟁이가 될 수 없다. 진짜 멋쟁이가 추구하는 것은 바로 자신만의 스타일이다. 즉 사회적 질서나 통념이 부여한 정체성, 그리고 그 정체성이 부여하는 행위의 규범, 바로 이것을 뒤집고 자신만의 개성을 추구하는 것. 이것이 진정한 멋쟁이의 조건이다. 이 작품 속에는 사회적 규범에 대해 개인의 스타일을 우선적으로 추구하는 네 명의 멋쟁이들이 등장한다.

그웬돌렌: 제 이상은 항상 어니스트라는 이름을 가진 누군가를 사랑하는 것이었어요. 그 이름은 절대적 자신감을 불어넣어주지. 앨저넌이 어니스트라는 이름을 가진 친구가 있다고 듣는 순간 당신을 운명적으로 사랑하게 되었어요.

잭: 그런데 그웬돌렌, 훨씬 멋진 다른 이름도 많아요. 예를 들어, 잭이란 이름은 매력적이라고 생각해요.

그웬돌렌: 잭? 안 돼요. 설령 그렇다 치더라도 음악적이지 않아요. 트릴의 효과도 나지 않고, 게다가 바이브레이션 효과는 전혀 없어요. 잭이란 이름을 가진 사람을 한 서너 명 알고 있는데, 모두 예외 없이, 평범하다고 하는 것도 과분할 지경이에요. 게다가, 잭은 존에 비해 가정적이기로 더 이름이 나 있지요. 존이라 불리는 남성과 결혼한 여자도 내가 보기에는 딱해요. 한 순간도 고독의 황홀한 즐거움을 누릴수 없을 테니까요. 유일하게 정말로 믿을 만한 이름은 어니스트밖에 없어요.

단순히 어니스트라는 이름만으로 자신의 사랑과 운명을 결정하는 그웬돌렌 역시 당당하게 자신의 스타일을 추구해 가는 여성 멋쟁이로 등장한다. 이와 같은 상황은 시실리도 마찬가지다.

시실리: 당신이 날 비웃지 않았으면 해요. 하지만 어니스트란 이름을 가진 누군가와 사랑을 하는 것이 소녀시절 줄곧 나의 꿈이었어요. 그 이름에는 무언가 절대적인 신념을 불러일으키는 것이 있는 것 같아요. 나는 어니스트란 이름을 가진 남편을 가지지 못한 불행한 여인들에게 연민을 느낀답니다.

잭이 가공의 동생 어니스트가 런던에 살고 있다고 말한 순간부터 시실리는 그를 만나보지도 않은 채 연정을 품게 된다. 그웬돌렌과 시실리 모두 어니스트란 이름의 남편을 원하고 있다. 두 여성은 이름만으로 생전 처음 보는 사람과 운명적 사랑을 할 것이라는 확신을 갖는 순진하고 순박한 모습으로 나타난다. 이들은 돈, 명예, 권력을 좋은 신랑감의 조건으로 여기지 않고, 만나보지도 않은 사람에게 막연히 상상 속에서 연정을 품는다. 이러한 두 여성의 모습은 빅토리아 시대의 진지함이나 속물적인 질서를 비껴간다. 그들은 부과되는 기성의 질서를 비껴가기 위해 일기를 통한 이중의 생활, 이중의 정체성을 가지고 살아간다.

시실리: 저는 제 삶의 놀라운 비밀 속으로 들어가기 위해 일기를 쓰고 있어요. (중략) 일반적으로 결코 일어나지 않았거나, 일어날 수 없는 일들에 대한 기록들이지요.

그녀는 사실과 자유로운 상상력이 결합된 일기를 통해 현실에서 제한된 것들을 자유롭게 추구한다. 그웬돌렌 역시 "저는 일기 없이 여행을 해본 적이 없어요"라고 말한다. 두 여성 멋쟁이는 일기라는 매개를 통해 이중생활, 이중의 정체성을 누리고 산다.

등장인물들은 결국 사회적으로 부과된 질서를 정체성에 부과된 질서로 이해한다. 그리고 참된 개성을 지닌 개인으로서의 정체성 찾기를 통해 여기에 저항한다.

앨저넌: 좋아, 그런데 자네 아줌마가 왜 자네한테 아저씨라고 부르지? "마음속 깊이 사랑하는 꼬맹이 시실리가 소중한 아저씨 잭에게." 아줌마가 작다는 것에 대해서는 이의가 없어. 그렇지만 키가 어떻든 간에, 왜 조카를 아저씨라고 불러야 하는지 정말 알 수 없네. 게다가, 자네 이름은 잭이 아니고 어니스트잖아.

잭: 어니스트가 아니고 잭이야.

앨저넌: 자넨 항상 이름을 어니스트라고 그랬잖아. 자네를 소개할 때, 누구에게든 어니스트로 소개하잖아. 자넨 어니스트라고 불리면 대답을 하구. 게다가 자네는 이름이 마치 어니스트인 것처럼 생겼어. 내가 일생 본 사람 중에서 자네가 제일 어니스트답게 생겼거든. 자네 이름이 어니스트가 아니라고 하는 건 말도 안 돼. 명함도 그 이름으로 새겼잖아. 이걸 보게. (담배 케이스에서 한 장을 꺼내며) "미스터 어니스트 워딩, B. 4, 올바니." 나한테든, 그웬돌렌한테든, 또는 다른 누

군가에게든 자네 이름이 어니스트가 아니라고 부인할 수도 있으니까, 자네 이름이 어니스트라는 것의 물증으로 이것을 간직해야겠네. *(명함을 호주머니에 집어넣는다.)*

잭: 그렇다면, 난 도시에서는 어니스트이고, 시골에서는 잭이라네. 그런데 담배 집은 시골에서 받았어.

앨저넌: 알겠어. 하지만 그것으로는 턴브리지 웰스에 사는 귀여운 아줌마 시실리가 자네를 아줌마의 소중한 아저씨라고 부른다는 사실을 설명할 수가 없네. 자, 친구, 빨리 결말을 짓는 게 좋겠어.

잭: 친애하는 앨지 군, 자네는 마치 치과의사처럼 말하는데 말야. 치과의사도 아니면서 치과의사처럼 말하는 건 정말 꼴사나워. 그릇된 인상을 줄 수도 있거든.

앨저넌: 맞아, 치과의사들은 언제나 그런 식이야. 자, 말해 보게! 나한테 전부 말해 봐! 입밖에 낸 적은 없지만 자네가 상습적 번버리스트가 아닌가 하고 항상 의심했었네. 이제야 확실해지는군.

잭: 번버리스트? 도대체 번버리스트가 무슨 뜻인가?

앨저넌: 자네가 왜 도시에선 어니스트이고 시골선 잭인지 그 이유를 친절히 말해 준다면, 그 멋진 표현의 의미를 알려주겠네.

잭: 자, 먼저 내 담배 집을 주게나.

앨저넌: 여기 있네. *(담배 집을 건네준다.)* 자, 설명해 보게. 제발 일어날 것 같지 않게 만들게.*(소파 위에 앉는다.)*

잭: 친애하는 친구, 내 설명에 못 믿을 부분은 전혀 없네. 사실, 극히 평범한 일이니까. 어렸을 때 나를 입양했던 늙은 토머스 카듀 씨가

133

유서에 자기 손녀인 시실리 카듀 양의 후견인으로 나를 지목했네. 시실리는 자네가 도저히 이해할 수 없을 정도의 존경하는 마음으로 나를 아저씨라고 부르지. 훌륭한 가정교사 프리즘 양이 책임 맡고 있는 시실리는 현재 내 시골집에서 살고 있네.

앨저넌: 그런데, 자네 시골집은 주소가 어떻게 되나?

잭: 그건 자네가 알 바 아니네. 자네를 초대하지 않을 테니까. 솔직하게 말하면 그 집은 슈롭셔에 있지 않아.

앨저넌: 그렇지 않나 했었어! 두 번이나 슈롭셔 지방 전역으로 번버리를 간 적이 있었지. 자, 계속해 봐. 왜 도시에선 어니스트이고, 시골에선 잭인지?

잭: 사랑하는 앨지 군, 자네가 내 진정한 동기를 이해할 수 있을지 모르겠군. 자네는 그만큼 진지하지 않으니까. 후견인의 위치에 있으면, 어떤 문제에 대해서든지 도덕군자인 척해야 되네. 그렇게 해야만 하네. 도덕군자인 척하는 것이 건강과 행복에 도움이 된다고 말할 수 없잖나. 그래서 런던에 올라오기 위해 항상 어니스트란 동생이 있는 척 해왔지. 동생은 올바니에서 살고 있고 몹시 곤경에 처해 있는 걸로 되어 있네. 친애하는 앨지, 이것이 순수하고 꾸밈없는 진실 전부라네.

앨저넌: 진실이란 순수하지도 단순하지도 않아. 만약 그 둘 중에 하나라면 현대 생활은 정말 지루할 거야. 그리고 현대 문학은 백 퍼센트 불가능하지!

잭: 전혀 나쁘지만은 않은 것 같은데.

앨저넌: 친애하는 친구, 문학비평은 자네 특기가 아니잖아. 하려고 하지 말게. 그건 대학 문턱에도 못 가 본 사람들에게 맡기게. 그들이 일간 신문에서 곧잘 하고 있지 않나. 자네의 실체를 말할 것 같으면 번버리스트지. 고단수의 번버리스트.

잭: 도대체 무슨 뜻이야?

앨저넌: 자네는 원할 때마다 런던에 올라올 수 있도록 어니스트라 불리는 정말 쓸모 있는 동생을 만들었고, 난 시골에 내려가고 싶을 때마다 내려갈 수 있도록 매우 귀중한 불치병에 걸린 번버리란 환자를 만들어냈지. 번버리는 정말 소중해. 예를 들어 번버리가 유난히 건강이 나쁘지 않았더라면, 오늘 밤 자네와 윌리스 레스토랑에서 저녁 식사를 함께 할 수 없을 걸세. 오거스터 이모와 일주일 이상 약속이 돼 있기 때문이지.

와일드는 엄격한 도덕론에 얽매이지 않고 독특한 개성을 추구하는 멋쟁이들의 삶이야말로 이상적인 삶이라고 역설하고 있다.

잭과 앨저넌, 시실리와 그웬돌렌은 오스카 와일드의 생각을 대변한다. 그들은 당대의 질서를 가볍게 비웃으며, 즐거운 놀이를 한다. 책임감, 도덕관념 등 사회적 관습과 억압이 주는 무게에서 벗어나 자유를 추구한다. 잭과 앨저넌의 예에서 보듯이 이들의 저항은 현실이 강요하는 정체성을 벗어던지는 것에서 시작된다. 현실의 힘으로 부여받은 가면을 벗어던지고 자신의 욕망에 충실한 가면을 스스로 만들어간다. 이 과정은 말장난과 역할놀이로 처리된다.

〈진지함의 중요성〉의 구조는 현실과 환상의 관계 변화와 함께 진행된다. 연극의 정체성 찾기 플롯의 출발점인 1막에서 2막의 네 놀이꾼이 잭의 시골집에 모여들기 이전까지는 현실이 가상 세계보다 우세하며, 2막 중반 네 놀이꾼이 잭의 시골집에 모두 모이게 되면서 3막 초반의 브랙넬 여사가 출현하기 이전까지는 가상의 세계가 완전히 현실의 세계를 추방해 버린다. 브랙넬 여사의 출현에서 마지막까지는 다시 현실이 가상의 세계를 압도한다. 결국 이 연극은 꿈의 세계로 들어갔다가 다시 현실로 돌아오는 셰익스피어의 낭만 희극의 구조를 닮았다. 구조만 닮은 것이 아니고 남녀 간의 사랑 이야기가 중심 플롯을 이루고 있다는 점도 닮았다. 하지만 차이점은 셰익스피어의 극에서 남녀 연인들은 현실에서 숲으로 도피하는 데 반해, 이 극에서는 언어로 구성된 '현실이라는 환상' 속에서 상상력과 언어적 전복을 통해 새로운 환상의 세계를 구현한다.

잭의 정체성 찾기의 의미와 놀이의 완성자로서 브랙넬 여사
─ 유희의 인간, 진지하게 놀기

잭이 브랙넬 여사에게 적당한 신랑감으로 인정받지 못한 이유 중에는 그가 고아라는 사실이 포함되어 있다. 그는 빅토리아 역에서 가방에 든 채 발견되어 고아로 자란 것이다. 3막에서 극은 마지막 전환을 준비한다. 시실리의 가정교사 프리즘 양은 과거 브랙넬 여사 집의 가정교사였다. 잭이 자신이 들어 있던 가방을 보여주자 프리즘 양은 자신이 분실한 가방임을 확인한다. 결국 잭은 앨저넌의 친형이며 브랙넬 여사의 조카임이 밝혀진다. 가장 중요한 대목은 잭의 진짜 이름이 어니스트였다는 사실이 밝혀지는 것이다.

잭이 런던으로 올라와 그웬돌렌을 만나는 것이나 앨저넌이 워딩으로 가서 시실리를 만난 것이나 모두 이중의 정체성 놀이의 과정에서다. 이들이 이중생활, 이중의 정체성을 통해 추구하는 바가 결국은 참된 정체성의 발견으로 이어지는 구도. 이것이 오스카 와일드의 최종적인 목적이다.

잭이 자신의 정체를 잃고 고아가 되는 기차역의 이름을 빅토리아 역으로 지은 것은 빅토리아 시대의 체계 속에서 자신의 정체성을 잃은 당대인들에 대한 비판이다.

이 놀이판에서 브랙넬 여사은 중요한 열쇠가 된다. 1막과 2막에서 언뜻언뜻 비치는 부인의 모습은 철저히 당대 질서의 수호자의 역할이다.

브랙넬 여사: 내가! 도대체 나와 무슨 관계야? 나와 브랙넬 경이 애지중지 키운 우리 외동딸이 휴대품 보관소와 결혼하는 것을 허락하리라고는 감히 상상조차 못하겠지. 그리고 물건꾸러미와 인척 관계를 맺으리라고는. 워딩 군, 좋은 아침이군.(브랙넬 여사 터무니없이 화

를 내며 당당히 걸어 나간다.)

하지만 브랙넬 여사를 단순히 질서의 옹호자로만 볼 수
없게 만드는 복선들이 존재한다.

브랙넬 여사: 앨저넌, 내가 한 마디 해야겠다. 내 견해로는 그 병든
번버리 씨가 앞으로 살 것인지 죽을 것인지를 지금 결정해야 할 때
인 것 같다. 그 문제에 대해 이렇게 망설이는 것은 어리석다고 생
각해. 환자에 대해 현대식으로 동정하는 것은 결코 용인할 수 없다.
그런 행위를 병적이라고 생각하지. 어떤 종류의 병이건 다른 사람에
게 권할 만한 병은 전혀 없어. 건강은 인생의 첫 번째 의무야. 너의
불쌍한 아저씨에게 항상 그걸 주지시키지만 아저씨는 별로 신경 쓰
지 않는 것 같지 않구나… 아저씨의 건강이 좋아지고 있을 때는. 번
버리 씨한테 토요일에 병이 재발하지 않도록 친절을 베풀어줄 수 없
느냐고 부탁하면 고맙겠다. 네가 음악 연주를 해줄 거라고 꼭 믿고
있기 때문이지. 마지막 리셉션이야. 사람들은 신나게 대화할 수 있는
무언가를 원해. 모든 사람이 대화에 참여하는 떠들썩한 시즌 말에는
특히 그렇지. 대부분의 경우 대화 내용은 별거 아니긴 하지만.

브랙넬 여사: 워딩 군, 자네에게 강력하게 조언하겠는데 가능한 한
빨리 친척을 얻도록 하게. 그리고 사교 시즌이 끝나기 전에 좌우간
어느 쪽이든 부모님 중 한 분이라도 확실하게 마련하도록 해보게.

어떤가? 가만히 보면 극 전체에서 가장 놀이로서 현실을 바라보고 있는 것은 어쩌면 브랙넬 여사가 아닐까? 빅토리아 시대 법이나 가치의 대변자로서가 아닌, 철저한 놀이판으로 현실을 바라보면서 자신만의 규칙에 따라 새로운 놀이판을 열어가는 또 하나의 놀이꾼으로 보이지 않나? 때로는 역설로 때로는 진부한 현실을 묘사하면서 단어 한두 개를 빼거나 대치함으로써 당대의 제도와 가치관을 교묘하게 비웃음거리로 만들고 있지는 않은지.

결국 브랙넬 여사의 합세로 이 작품은 전체가 하나의 커다란 놀이판이 된다. 놀이를 통해 기존의 질서가 가진 균열들을 사정없이 까발린다. 나아가 놀이의 과정(잭이 어니스트가 되는 정체성 놀이의 과정)이 결국 현실이 된다는 구도를 완성시킴으로서 "예술이 현실을 모방하는 것이 아니라 현실이 예술을 모방한다"는 자신의 미학이론을 구현한다. 작품의 마지막은 놀이가 끝나고 잭은 어니스트라는 참된 정체성을 찾는 것으로 정리된다. 하지만 작품은 최후의 순간까지 놀이의 고삐를 늦추지 않는다. 정말이지 성실하게, 진지하게 논다.

브랙넬 여사: 조카, 몸짓으로는 별 것 아닌 척하는구나.
잭: 오거스터 이모, 정반대입니다. 일생 처음으로 어니스트가 엄청 중요하다는 것을 방금 깨달았습니다.

일종의 말장난이 마지막 대사로 등장한다. 진지해지는 것의 중요성을 깨달았다는 것인지, 어니스트라는 자신의 본래 이름을 되찾는 것이 중요하다는 것인지 알 수 없도록 만든다. 여전히 유희는 계속된다.

낭만주의 희곡들이 현실을 도피해서 환상 속에서 당대의 질서를 비판해내고 낭만적 환상 속으로 도피를 시도했다면, 와일드는 이 작품을 통해 허구일 수밖에 없는 현실을 구성하고 현실 속에서 유희와 예술적 상상력으로 이상적 삶을 구현하려는 시도를 벌이고 있다.

〔06대입〕 **서강대 논술고사**

다음 제시문을 읽고 물음에 답하라.

(가) 인간이란 정신이다. 정신이란 무엇인가? 정신이란 자기
이다. 자기란 무엇인가? 자기란 자기 자신과 관계하는 관계이
다. 즉 거기에는 관계가 자기 자신과 관계하는 것들이 포함돼
있다. 자기란 단순한 관계가 아니고, 관계가 자기 자신과 관계
하는 바를 의미한다.

　　인간은 유한성과 무한성, 시간성과 영원성, 자유와 필연
의 종합이다. 요컨대 인간이란 종합이다. 종합이란 양자 사이
의 관계다. 그러나 이것만으로는 인간은 아직 아무런 자기가
아니다.

　　양자 사이의 관계에 있어서 관계 그 자체는 부정적 통일[*]
로서의 제삼자다. 그들 양자는 관계에 대해 관계하는 것이며,

---

[*]　여기서 부정적 통일은 정반합의 변증법적 과정으로서의 종합을 의미한다.

그것도 관계 속에서 관계에 대해 관계하는 것이다. 예를 들면 인간이 영혼이라고 할 경우, 영혼과 육체의 관계는 그와 같은 관계다. 이에 반해 관계가 그 자신에 대해 관계한다면, 이 관계야말로 적극적인 제삼자인 것이며, 그리고 이것이 자기인 것이다.

자기 자신과 관계하는 그와 같은 관계는 자기를 스스로 정립한 것이거나 아니면 다른 사람에 의해 정립된 것이거나 이 둘 중 하나가 아니면 안 된다.

그런데 자기 자신과 관계하는 관계가 다른 사람에 의해 정립될 경우, 물론 그 관계는 제삼자인 셈이지만 그러나 그 관계, 즉 제삼자는 다시 또 모든 관계를 정립한 것과 관계하는 관계이기도 하다.

이와 같이 도출되어 정립된 관계가 바로 인간인 자기인 것이다. 그것은 인간이 자기 자신과 관계하는 것이요, 동시에 자기 자신과 관계하는 것처럼 그렇게 타자와 관계하는 관계다.

— 키에르케고르 〈죽음에 이르는 병〉에서

(나) 세계는 사람이 취하는 이중적인 태도에 따라서 사람에게 이중적이다. 사람의 태도는 그가 말할 수 있는 근원어의 이중성에 따라서 이중적이다. 근원어는 낱개의 말이 아니고 짝말이다. 근원어의 하나는 '나-너'라는 짝말이다. 또 하나의 근원어는 '나-그것'이라는 짝말이다. (중략)

　　'나', 그 자체란 없으며 오직 근원어 '나-너'의 '나'와 근원어 '나-그것'의 '나'가 있을 뿐이다. 사람이 '나'라고 말할 때 그는 그 둘 중의 하나를 생각하고 있다. 그가 '나'라고 말할 때 그가 생각하고 있는 '나'가 거기에 존재한다. 또한 그가 '너' 또는 '그것'이라고 말할 때 위의 두 근원어 중 어느 하나의 '나'가 거기에 존재한다. (중략)

　　정신이 독자적 삶 속에 작용해 들어가는 것은 결코 정신 자체가 아니며, '그것'의 세계를 변화시키는 힘에 의한 것이다. 정신이 자기에게 열려 있는 세계를 향하여 마주 나아가 그 세계에 자기를 바쳐서 세계와 그 세계에 속하여 자기를 구원할 수 있을 때, 정신은 참으로 '자기 자신'에 돌아와 있는 것이다. 이와 같은 일은 오늘날 산만하고 약화되고 변질되고 철저하게 모순에 빠진 지성이 다시 정신의 본질, 곧 '너'를 말할 수 있는 능력을 가지게 될 때 비로소 이루어진다.

　　'그것'의 세계에서는 인과율이 무제한으로 지배하고 있다. 감각적으로 지각되는 모든 '물리적'인 사건만이 아니라 또한 자기 경험 안에서 이미 발견되었거나 또는 발견되는 모든 '심리적'인 사건도 필연적으로 인과의 계율로 간주된다. 그 중에서 어떤 목적 설정의 성질을 가진 것으로 간주할 수 있는 사건들까지도 역시 '그것'의 세계에 연속체를 이루는 일부로서 인과율의 지배로부터 자유롭지 않다. (중략)

　　인과율이 '그것'의 세계에서 무한정한 지배력을 갖는다

는 것은 자연의 과학적 질서를 위해서 근본적으로 중요하다. 그러나 그것이 사람을 억압하지는 못한다. 왜냐하면 사람이란 '그것'의 세계에만 속박되어 있지 않고, 거기에서 벗어나 몇 번이고 되풀이하여 관계의 세계로 들어갈 수 있기 때문이다. 이 관계의 세계에서 '나'와 '너'는 서로 자유롭게 마주 서 있으며, 어떠한 인과율에도 얽매이지 않고 물들지 않은 상호관계에 들어선다. 이 관계의 세계 속에서 사람은 자기의 존재 및 보편적 존재의 자유가 보장되어 있음을 알게 된다. 관계를 알며 '너'의 현존을 아는 사람만이 결단할 수 있는 능력을 가지고 있다. 결단하는 사람만이 자유롭다. 왜냐하면 그는 '너'의 면전에 나아간 것이기 때문이다. (중략)

관계의 목적은 관계 자체, 곧 '너'와의 접촉이다. 왜냐하면 '너'와의 접촉에 의하여 '너'의 숨결, 곧 영원한 삶의 입김이 우리를 스치기 때문이다.

관계 속에 서 있는 사람은 현실에 관여한다. 즉 그는 존재에 그저 맞닿아 있는 것도 아니고, 존재 밖에 있는 것도 아니다. 바로 존재에 관여하고 있는 것이다. 모든 현실은 하나의 작용이다. 나는 그것을 내 소유로 삼을 수는 없지만 그 작용에 관여하고 있다. 관여가 없는 곳에는 현실이 없다. 자기 독점이 이루어지는 곳에는 현실이 없다. 관여는 직접적으로 '너'와 접촉하는 것이며, 그럴수록 그만큼 더 완전하다.

—마루틴 부버 〈나와 너〉에서

(다) 인터넷을 사용하는 두 마리 개를 그린 유명한 만화가 있다. 한 마리가 자판을 두들기며 다른 개에게 말한다. "인터넷에서는 우리가 개라는 걸 아무도 모를 거야." 여기에 이런 말도 추가할 수 있지 않을까. "우리가 어디에 있는지도 모를 거야."

뉴욕에서 도쿄까지는 대략 14시간이 걸린다. 나는 비행기 안에서 40~50개에 달하는 전자 우편물을 작성하는 데 대부분의 시간을 보낸다. 내가 호텔에 도착해서 관리인에게 이것을 팩시밀리로 보내달라고 요청하는 상황을 그려 보라. 그 정도 양이면 단체 우편물로 간주될 것이다. 그러나 전자우편으로 이것을 보내면 아주 빠르고 손쉽게 처리할 수 있다. 나는 이것을 특정 장소가 아니라 특정인에게 보낸다. 사람들은 도쿄가 아니라 나에게 메시지를 보내는 것이다.

전자우편은 당신이 어디에 있는지 몰라도 누구나 당신에게 우편물을 보낼 수 있는 이동성을 제공한다. 전자우편은 여행 중인 세일즈맨에게 아주 적합하다. 그런데 전자우편과 항상 접속되어 있도록 하는 과정은 디지털 생활에서 비트와 아톰 간의 차이에 대해 흥미로운 질문을 제기한다. (중략)

거기서 나는 여러 개의 이름으로 인터넷 안으로 들어갈 수 있다. 세계 곳곳에서 인터넷과 접속하는 것은 마술이다.

— 니콜라스 네그로폰테 〈디지털이다〉에서

(라) 지난 27일 프랑스 의료진은 세계 최초로 안면 이식 수술

에 성공했다. 이 수술을 집도한 의사는 "수술 받은 여성이 24시간 뒤에 서서히 의식을 회복했다"면서 "마취에서 깨어나자마자 '감사해요'라는 첫 마디를 던졌다"고 전했다.

신원이 공개되지 않은 올해 38세의 이 여성은 지난 5월 개에게 물려 코와 입술을 잃어 제대로 말을 하거나 음식물을 씹을 수가 없는 상태여서 뇌사 상태의 여성으로부터 기증받은 피부 조직과 근육, 동맥, 정맥을 이식하는 대수술을 받았다.

코와 입술, 턱 부분이 이식된 이번 수술은 세계 최초의 사례로 기록됐고, 수술 집도의는 프랑스 남동부 리옹 소재 병원의 전문의인 장-미셸 뒤베르나르와 아미앵 대학병원의 전문의 베르나르 드보셸이었다.

프랑스에서 세계 최초로 성공을 거둔 이번 안면 이식 수술은 화상이나 사고로 얼굴이 망가진 사람들에게 희망의 빛을 던져주었지만, 이 수술로 다른 사람의 얼굴 모양을 할 수 있어 본인이나 가족, 주변 사람들에게 충격을 줄 수 있다는 논란도 있었다.

— 리옹 AP / 연합뉴스에서

〈문항 1〉 과학 기술의 발달에 따라 인간의 실존적 상황이 달라질 수 있다. 이와 관련한 현대 사회의 특징적인 두 단면을 제시문 (다), (라)는 보여준다. 제시문 (가), (나)의 논지를 요약한 후, 이를 구체적 논거로 활용하여 (다), (라)가 시사하는 문제점 중 공통점을 중심으로 논술하라.(800~900자, 배점 60%)

※ 앞의 제시문 (가), (나)와 다음 제시문을 읽고 물음에 답하라.

(마) 약 한 세기 전의 한국, 이 무렵 나라 곳곳에선 한센병 환자들이 상당히 늘어나 사회문제가 된 일이 있었다. 후일 정부 당국에서는 한 낙도에 한센병 환자들의 전문치료병원을 건립하고, 모든 육지의 환자들을 그 섬 안에다 강제 수용시킨다. 그러자 섬에서는 환자들의 탈출극이 빈발한다. 목숨을 걸고 섬을 탈출해 나가는 환자들이 그치질 않는다. 이럴 무렵 능력 있는 의사가 병원의 새 원장으로 부임해 온다. 그리고 거의 절대에 가까운 통치권으로 이 섬과 섬의 환자들을 관리하고 지배해 나간다.

그는 우선 환자들의 탈출을 막는 데에 전력을 기울인다. 탈출 사고가 빈발하는 이유가 그에게는 너무도 명백하다. 그는 섬 안에 환자들의 낙원을 꾸미기를 희망한다. 환자들의 병을 잘 치료해 주고, 주거환경을 개선하고, 복지시설을 늘리고, 노동량을 줄여주며, 신앙의 자유와 가족 단위의 생활 대책을 확보해 준다. 그런 식으로 그는 그 스스로 어느 정도 만족할 만한 환자들의 낙원을 꾸며놓는다.

하지만 그래도 환자들의 탈출극은 그치지 않는다. 계속되는 탈출 사건은 원장이 꾸미려는 섬의 낙원에 대한 노골적인 야유이자 부정의 시위인 것이었다. 원장과 환자들 사이의 싸

움은 끝없이 계속된다. 그리고 마침내 원장은 깨닫는다.

— 이청준 〈말없음표의 속말들〉에서

〈문항 2〉 제시문 (가), (나)의 논거를 구체적으로 활용하여, 제시문 (마)에서 원장이 깨달은 바의 핵심 내용을 추론하라(500~600자, 배점 40%)

다락원 명작노트 026

진지함의 중요성

펴낸이 정효섭
펴낸곳 (주)다락원

초판 1쇄 인쇄 2007년 1월 29일
초판 1쇄 발행 2007년 2월 5일

책임편집 안창열, 김지영
디자인 손혜정, 박은진
번역 장계성
삽화 손창복

다락원 경기도 파주시 교하읍 문발리 509-1
Tel:(02)736-2031 Fax:(02)732-2037
(내용문의: 내선 520/구입문의: 내선 113~114)
출판등록 1977년 9월 16일 제300-1977-23호

Copyright ⓒ 2007, 다락원

값 8,500원

ISBN 978-89-5995-141-3 43740

〈행복한 명작 읽기〉는 기초가 약한 영어 초급자나 초, 중, 고 학생들이
보다 즐겁고 효과적으로 명작들을 읽으며 독해력을 키울 수 있도록 개발된
독해력 증강 프로그램입니다.

책의 특징

1 골라 읽는 재미가 있다. 초보자를 위한 350단어 수준에서 중고급자를 위한 1,000단어 수준까지 5단계 구성.

2 단계별로 효과적인 영어 읽기 요령과 영문 고유의 참맛을 느낄 수 있는 장치가 곳곳에.

3 읽기만 해도 영어의 키가 쑥쑥 - 해석을 돕는 돼지꼬리(∽), 영어표현 및 문법 설명, 퀴즈가 왕창.

4 체계적인 듣기 학습까지. 전문 미국 성우들의 생동감 넘치는 원음을 담은 오디오 CD 제공.

✖ 왕초보 기초다지기 ✖

쉬운 영문을 통해 영어 독해에 대한 막연한 두려움을 없앤다.

Grade 1   Beginner   350 words

1 미녀와 야수
2 인어공주
3 크리스마스 이야기
4 성냥팔이 소녀 외
5 성경 이야기 1
6 신데렐라
7 정글북
8 하이디
9 아라비안 나이트
10 톰 아저씨의 오두막

Grade 2   Elementary   450 words

11 이솝 이야기
12 큰 바위 얼굴
13 빨간머리 앤
14 플랜더스의 개
15 키다리 아저씨
16 성경 이야기 2
17 피터팬
18 행복한 왕자 외
19 몽테크리스토 백작
20 별 | 마지막 수업

국판 | **Grade 1, 2, 3** 각권 **6,000원**
(오디오 CD 1개 포함)

Grade 4, 5 각권 **7,000원**
(오디오 CD 1개포함)

*어린왕자 **8,000원**
(오디오 CD 2개 포함)

고도를 기다리며 **9,000원
(오디오 CD 2개 포함)

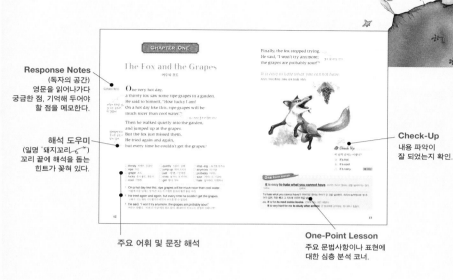

Response Notes
(독자의 공간)
영문을 읽어나가다
궁금한 점, 기억해 두어야
할 점을 메모한다.

해석 도우미
(일명 '돼지꼬리')
꼬리 끝에 해석을 돕는
힌트가 꽂혀 있다.

Check-Up
내용 파악이
잘 되었는지 확인.

주요 어휘 및 문장 해석

One-Point Lesson
주요 문법사항이나 표현에
대한 심층 분석 코너.

✚ 실력 굳히기 ✚

실력에 맞게 효과적으로 끊어 읽으며 직독직해 훈련을 한다.

★ 영어의 맛 ★ 제대로 느끼기

영문판 원서 도전을 위한
전 단계의 준비과정이다.

콕콕 찍어 들려주는 명작 리스닝 시리즈 [전20권]

세계 명작소설을 쉽게 고쳐 쓴 중·고생용 학습 교재. 독해와 함께 청취력 향상을 위해 전 내용을 녹음하고, 매 페이지에 리스닝 포인트를 두어 한국인이 듣기 어려운 부분은 또박또박한 발음으로 반복해 들려준다. 권말에는 영어듣기 테스트를 수록해, 입시에서 점점 비중이 높아지는 듣기시험에 대비하도록 했다.

□ 각 권 4·6판/140면 내외
□ 정가: 각 권 5,800원 (테이프 2개 포함)

① 이상한 나라의 앨리스 / 백설공주와 일곱 난쟁이
Alice's Adventures in Wonderland /
Snow White and the Seven Dwarfs

② 이솝 우화
Aesop Fables

③ 그림 동화집 / 잭과 콩나무
Grimms Fairy Tales / Jack and the Beanstalk

④ 재미있는 이야기 / 미녀와 야수
Famous Stories / Beauty and the Beast

⑤ 알라딘과 요술램프 / 이른 아침의 살인
Aladdin and the Magic Lamp / Dead in the Morning

⑥ 오즈의 마법사 / 흑마 이야기
The Wonderful Wizard of Oz / Black Beauty

⑦ 걸리버 여행기 / 쉽게 번 돈
Gulliver's Travels / Fast Money

⑧ 거울 속의 앨리스 / 정원
Through the Looking Glass / The Garden

⑨ 피터 팬
Peter Pan

⑩ 큰 바위 얼굴 / 크리스마스 선물 /
알리바바와 40인의 도적들
The Great Stone Face / The Christmas Present /
Ali Baba and the Forty Thieves

⑪ 돈키호테 / 헨리 포드 이야기
Don Quixote / Tin Lizzie

⑫ 로빈 후드 / 어느 병사의 죽음
Robin Hood / Death of a Soldier

⑬ 신문 배달 소년 / 긴 터널 / 몰리의 순례자
Newspaper Boy / The Long Tunnel / Molly Pilgrim

⑭ 언덕 위의 집 / 헤라클레스
The House on the Hill / Hercules

⑮ 우주 도시로의 여행 / 요술 정원
Journey to Universe City / The Magic Garden

⑯ 마르코 폴로 / 크리스토퍼 콜럼버스 /
올리버 트위스트
Marco Polo / Christopher Columbus / Oliver Twist

⑰ 삼총사 / 레슬러
The Three Musketeers / The Wrestler

⑱ 불의 전차
Chariots of Fire

⑲ 런던 경시청 이야기 / 아서 왕
The Story of Scotland Yard / King Arthur

⑳ 도난당한 편지 / 붉은 머리 사교회 /
트래버스 씨의 첫사냥
The Stolen Letter / The Society of Red-Headed
Men / Mr. Travers First hunt